AF453955

REFLEXIONS PIEUSES,

Inspirées dans la Bastille à

M. SAMUEL GRINGALE

SUR CES IV. QUESTIONS,

Que suis-je? Où suis-je?
Qui m'y a mis? Et pourquoi?

AVEC DES

ESSAIS PHILOSOPHIQUES
& Theologiques, pour arriver à la
parfaite intelligence de tous les Myftéres renfermées dans l'Ecrite Sainte
de l'Ancien & du Nouveau Testa-
ment.

A LA HAYE,

Chez JAQUES VAILLANT.

M. DCC. XXV.

RÉFLEXIONS PIEUSES

Affectées dans le Rosaire?

sur ces IV questions.

Que fais-je? Où suis-je?
Qui es-tu? à moi? Ne pourquoi?

AVEC

Chez Jaques Vincent

AVANT-PROPOS.

LA Souveraine Providence m'ayant fait passer par divers états de la vie active, sans permettre que je fusse fixé à aucun, voulut, dans le tems qu'Elle avoit marqué pour cela, me mettre en un lieu où je ne fusse plus en pouvoir de travailler à l'aquisition des biens temporels, ou de courir après ce que les mondains apellent la fortune ; ladite Souveraine Providence avoit bien permis, à la vérité, que j'eusse couru après ladite fortune, mais d'un pas trop lent & trop uni, & par conséquent peu propre à l'attraper, mes démarches après elle étant plûtôt un effet de la violence du rapide torrent de la tirannique coûtume qui m'entraînoit, malgré mes efforts contre son cou-

A 2

rant,

rant, & une obeïſſance aux devoirs
attachez aux états où je me trouvois engagé, que des démarches d'é-
lection & d'inclination.

Je me trouvois à Paris dans une
ſituation qui demandoit beaucoup de
réſerve & de prudence dans ma conduite; la Souveraine Providence
m'en avoit toûjours abondamment
accordé dans mille périlleuſes occa-
ſions où je m'étois trouvé engagé, &
cependant, il ſembloit qu'en celle-ci
Elle m'avoit abſolument abandonné.

Elle lâcha la bride à la malice
d'un faux frére qui vint loger avec
moi, feignant qu'il fuyoit de ſa Pro-
vince pour la Religion, & qu'il cher-
choit un azile dans Paris, l'ayant
reçû, & lui ayant rendu, au péril
même de ma ſanté & de ma vie, tous
les ſecours & les bons offices que je
me croyois obligé de rendre à un frére affligé; il me vendit à un Exempt
de Mr. Dargençon, & me livra lui-
même entre ſes mains en m'embraſ-
ſant dans mon lit, & m'apellant ſon
cher Ami.

Qua-

Quatre hommes se jettèrent d'abord sur nous, & nous fûmes tous les deux conduits dans un même Carosse à la Bastille, lui, pour recevoir le présent que le Gouverneur fait pour chaque prisonnier que l'on lui améne, & moi, pour être mis dans un affreux Cachot.

Je crois devoir dire par parenthese, que deux mois après cette action, une Potence mit fin à sa vie criminelle, durant laquelle il avoit fait tomber, par ses ruses infernales, plus de quatre cens personnes dans la Bastille, suivant ce qui m'a été dit dans la Bastille même par un homme qui le connoissoit.

C'est là que je rentrai en moi-même; c'est-là que je me représentai tous les divers incidens de ma vie passée, que je recherchai les causes & les principes de tant d'événemens merveilleux que j'avois vû de mes yeux, ou lûs dans l'Histoire, & qu'étant entiérement privé de tous les Livres composez par les hommes,

A 3   j'eus

j'eus recours à ce grand Livre univerſel ; de la nature viſible , que
Dieu a mis devant les yeux de tous
les hommes pour les convaincre de
ſon Exiſtence , de ſa Grandeur , de
ſa Puiſſance , de ſa Sageſſe , de ſa
Bonté , & de ſa Juſtice , & pour
ſervir de guides à ceux qui vou-
droient le chercher lui-même ; c'eſt-
là que je voulus me connoître moi-
même , non point ſur le raport d'au-
trui , mais ſur le raport intérieur
de ma conſcience ; c'eſt là que je me
fis les quatre Queſtions ſuivantes
avec les réfléxions qui les accom-
pagnent , ſavoir ; Que ſuis-je? Où
ſuis-je ? Qui m'y a mis ? Et pourquoi ?

Enfin , c'eſt là qu'a été conçû &
formé cet Ouvrage dont la naiſſance
commence ici. Je m'étois propoſé
pendant ma captivité , qu'après le
recouvrement de ma liberté je pour-
rois me retirer hors de l'agitation
& du tumulte des affaires temporelles , pour vaquer uniquement à
met-

mettre dans sa perfection ledit Ouvrage dont je ne présente qu'un foible
essai.

La Souveraine Providence ayant
voulu en disposer autrement, & me
priver des secours temporels sur lesquels j'avois compté pour cela, sa
Volonté soit faite. Cependant, quoi
qu'elle n'ait pas permis que j'aye é-
xécuté ce que je m'étois proposé en
premier lieu, Elle n'a pas permis non
plus que je l'aye retenu tout entier en
moi-même, qui est le second parti
que je m'étois proposé au deffaut du
premier, ayant continuellement de-
mandé à Dieu, depuis plusieurs années, qu'il lui plût de mettre sept
liens à ma langue, & sept sceaux sur
mes lévres, afin qu'il n'en sortit rien
que dans le tems marqué par sa Divine & adorable Sagesse; mais un feu
qui me devore à la vûë & à l'ouïe de
tant de desordres & de tant d'injusti-
ces qui travaillent le Genre humain,
me force à parler & à mettre ceci au
jour même avec quelque précipitation,

A 4

ne

ne le pouvant plus contenir, & le
voulant présenter au Public au renouvellement de l'Année qui est tout
prochain.

Puis que le but que nous nous proposons est de rapeller tous les hommes
à la véritable connoissance d'eux-mêmes & de leurs devoirs, tant envers
celui qui est l'Auteur, le Directeur,
& Conservateur de leur être, qu'envers leurs semblables qui sont leurs
frères, de quelle Langue & de quelle
Nation qu'ils soient, puis que tous les
individus qui composent le Genre humain, sont descendus d'un seul & premier individu, assavoir Adam qui a
été lui-même tiré du néant & formé
par un Etre souverainement Puissant, souverainement Sage, & souverainement Juste, qui jugera toutes
nos générations interieures, & toutes
nos productions exterieures qu'il ra-
prochera de leurs principes dans son
dernier & souverain Jugement universel, auquel tems un Arrêt irre-
vocable sera prononcé & exécuté sur

toutes

*toutes choses , non point selon les ré-
gles & les mesures des Habitans de
ce globe terrestre , mais selon les régles & les mesures que sa Divine
& adorable Sagesse , & sa Divine
& adorable Justice ont établies.*

*Enfin , puis que nous ne nous pro-
posons que l'édification de la céleste
Jérusalem , c'est à dire l'établisse-
ment & l'affermissement de la véritable Paix intellectuelle & spirituelle , fondée sur la parfaite connoissance des véritez éluës & parfaitement
épurées & separées des veritez Sa-
taniques & reprouvées : nous avons
dis-je lieu d'espérer que chacun rece-
vra favorablement cet enfant philosophique nouveau né , & par conséquent fort tendre & incapable de se
deffendre par ses propres forces ; mais
qui par la protection & le secours des
bonnes ames qui soûpirent après cette Paix dont nous parlons , pourra
aquerir sa virilité & sa force.*

*Le sentiment & la conviction que
nous avons en nous-mêmes , que nous*

A 5

ne

ne pouvons rien par nos propres forces & fans le fecours Divin, nous
oblige à le demander pour nous-mêmes & pour tous les hommes genera-
lement à qui nous ne pouvons pre-
fenter que des caractéres rangez de
differente maniere, dont font formez
des mots, des termes, & des phra-
fes, à qui Dieu feul peut donner
force & vertu, de transferer efficace-
ment nos penfées, nos idées, nos fentimens, nos raifonnemens & nos jugemens pour l'édification de ceux qui
les recevront. Dieu feul peut dif-
pofer ceux à qui nous les préfentons
à les bien recevoir ; la lumiére du
Soleil eft inutile à ceux qui n'ont pas
des yeux, & à ceux qui ayant des
yeux les veulent fermer. Les meilleu-
res & les plus excellentes viandes font
inutiles à un cadavre privé de vie &
de fentiment ; ce fera donc à Dieu
feul que nous adorons, que nous in-
voquons, & de qui feul nous reconnoiffons tenir l'être & tous les biens
que nous avons, qu'apartiendra la
louan-

loüange, l'honneur, & la gloire de
l'utilité que pourront recevoir ceux
qui verront cet opuscule, & c'est à
lui seul qu'ils doivent les offrir.

PRIE-

PRIERE
UNIVERSELLE.

O Dieu ! ô Dieu ! O Dieu des Cieux ! Etre souverain, qui habites les Cieux des Cieux ; Etre tout-puissant qui as tiré tous les êtres du néant, qui les gouverne & les conserve, & qui as marqué un tems pour rendre à chacun selon ses œuvres, & faire jugement & justice à tous : Pére de miséricorde & Dieu des compassions, regardes les habitans de ce globe terrestre d'un œil de pitié, & commande à Satan & à ses Anges qui les troublent, qui les seduisent & les détournent de ton obéïssance, de ton service, & de l'amour mutuel & réciproque qu'ils se doivent les uns aux autres ; commande, dis-je, à tous ces Esprits infernaux

fernaux de rentrer dans l'abîme
que tu leur as préparé, & fcelle
fur eux de ton Nom redoutable,
afin qu'ils n'en fortent plus éternellement. Répands auffi fur nous,
ô Dieu des Cieux, un deluge u-
niverfel d'Efprit de grace & de miféricorde qui renouvelle tous nos
cœurs, & fais lever fur nous ton
Soleil de juftice qui éclaire nos en-
tendemens & les épure par fa vivifiante chaleur.

O Dieu ! éxauce, & que nos
priéres montent en ta préfence &
émeuvent les entrailles de ta miſéricorde envers ta créature pour la
ramener de fes égaremens. Donne
la vûë aux aveugles, l'ouïe aux
fourds, la parole aux muets, tes
jugemens à ceux qui ne les ont pas,
reffufcite les morts dans leur corruption & dans leurs vices, con-
verti les méchans, perfectionne &
conferve les bons, & porte tous
les hommes à s'édifier, & à fe
fecourir mutuellement & d'une
fran-

PRIERE

franche volonté, non point par ostentation & vaine gloire, ou par des raisons d'une fausse & très souvent criminelle politique ; anéantis, Seigneur, anéantis, dis-je en tous ces monstrueuses & féroces sensations qui les portent à s'entre-regarder comme ennemis, & les remplis tous de sens & d'entendement pour se conduire selon ta volonté ; remplis-les tous d'esprit de charité, de justice, de sagesse & de paix, qui les revêtent de sensations douces & pacifiques qui les élévent vers toi, & les rendent agréables à tes yeux ; chasse & dissipe éternellement toutes langueurs, toutes foiblesses, toutes infirmitez, & toutes les ténébres, & rétablis de toutes parts ce Régne éternel de Justice & de Paix inaltérable promise dans ta parole, de cette Paix fondée sur la connoissance de ta Vérité & de ta Justice. Les tems que tu as marqué pour cela aprochent : O Dieu ! hâte

hâte leur venuë & ton secours, & que tous Peuples, Langues & Nations, viennent adorer ta Majesté, reconnoître ta Puissance, & se soûmetre au joug de ton Oinct, cette Souveraine, Divine & salutaire raison à qui tous les êtres doivent être soûmis.

Exauce, ô Dieu, & pardonne; fais-le, non point pour l'amour de nous qui ne sommes que poudre & cendre devant toi, & indignes de lever les yeux vers toi, Etre souverain; mais, Seigneur, fais-le pour l'amour de ton Nom adorable.

Et puis que pour abattre l'orgueil de Pharao & des Egyptiens, & pour délivrer ton Peuple de servitude & le conduire dans la terre promise, tu n'as voulu mettre qu'une simple verge entre les mains de Moïse ton Serviteur pour opérer par elle tant de merveilles à la confusion de tes ennemis & pour le salut de tes Enfans & de tes Serviteurs,

teurs, qui n'as voulu employer que
des lampes cachées dans des vases
de terre pour dissiper la multitude
des Madianites, qui n'as voulu employer qu'une pierre partie d'une
fronde pour abattre le superbe geant
Goliath , & en lui tous les Philis-
tins. Etre éternel , qui as choisi les
choses foles de ce monde pour rendre confuses les sages, & les choses foibles pour rendre confuses les
fortes ; qui as choisi les choses viles de ce monde & les méprisées,
même celles qui ne sont point,
pour abolir celles qui sont , afin
que nulle chair ne se glorifie devant toi. O Dieu ! ô Dieu de vérité ! qui promets ton secours à
ceux qui t'invoquent , donne-moi
sens & entendement pour connoître ta volonté , & vertu pour l'ac-
complir : Donne-moi , Seigneur,
donne-moi , je t'en suplie & con-
jure , par toi-même , donne-moi,
dis-je, sagesse & intelligence pour
ne parler que selon ta volonté , &
ne

ne dire que ce que tu veux que je dife & de la maniére que tu veux que je le dife, & pour taire ce que tu veux que je taife ; remplis ces vafes d'argile, ces mots que j'employe pour m'énoncer, remplis-les, dis-je, de ta divine lumiére qui diffipe les Madianites fpirituels, c'eft à dire tous efprits de chicane & de difputes qui travaillent ton Peuple ; remplis cette fronde de la pierre qui renverfe le fuperbe geant Goliath des Philiftins, cet efprit de tirannie & d'opreffion qui anime & gouverne les ames baffes & rampantes toûjours couvertes de cendres, c'eft à dire toûjours envelopées d'une fageffe infructueufe & ftérile, cherchant leur élévation dans l'abaiffement des autres : Delivre ton Peuple de la fervitude des Egyptiens fpirituels, de tous ces dialectitiens conduits & gouvernez par l'efprit Pharaonique, ou de diffipation : Delivre-le de tous ces Ethiopiens,

B

de

de tous ces esprits ardents & zèlez furieux qui ne respirent que feux & que flames. Efface, ô Dieu, la mémoire d'Amalec de dessous le Ciel, de cet esprit de flaterie qui a tant fait de maux à ton Peuple. Chasse tous ces Babiloniens, ces esprits de confusion qui ne trouvent du plaisir que dans le trouble & dans l'agitation qu'ils causent dans les autres. Dissipe tous ces Gog & Magog, tous ces toicts & couvreurs de tuiles, c'est à dire, tous ces esprits qui entassent Défenses sur Défenses, Réglemens sur Réglemens; en un mot, qui employent toutes leurs forces pour empêcher l'édification de ton Eglise, le progrès de ton Evangile, & pour contenir les Peuples dans une funeste ignorance de tes Véritez salutaires, afin de mieux dominer sur eux.

O Restaurateur universel de toutes choses, hâte ta venuë & ce renouvellement promis dans ta Parole.

le. Exauce-nous fidèle & véritable, exauce-nous selon ta promesse & nos espérances, & pour l'amour de ton nom adorable, devant lequel tout genouil doit fléchir, soit au Ciel, soit en la terre, soit sous la terre, & à qui seul apartient toute louange, tout honneur, toute gloire, toute action de grace & bénédiction, dès maintenant & dans tous les Siécles. Amen.

PRIE-

PRIERE
POUR
CET ETAT.

O Dieu ! ô Dieu ! ô Dieu des Cieux ! Etre souverain qui habites les Cieux des Cieux ; où est ton Sanctuaire, premier & éternel Principe de toutes choses, qui en es le suprême Gouverneur, Directeur, & Modérateur ; Monarque universel qui fais miséricorde, jugement & justice sur la terre, & à qui telles choses plaisent : Etre tout-puissant qui as tiré cet Univers visible du néant, qui en as fondé la terre par ta force, & étendu les Cieux par ta prudence, & préparé tout l'ordre par ta Sagesse. O Seigneur ! Seigneur ! Seigneur absolu de tous les êtres,

qui

qui par ta Parole donne abondance d'eau au Ciel, qui élèves les nuées des bouts de la terre, qui convertis les éclairs en pluye, & tires les vents de tes Tresors; Protecteur & Rémunérateur des bons, & Juge Souverain & sévére des méchans, qui fais descendre quand il te plaît du Trône sur la poussiére, & fais monter de la poussiére sur le Trône: Qui as choisi ce petit espace de terre comme un azyle à ton serviteur David, à ton Esprit de liberté persécuté & poursuivi depuis si long tems par Satan & les siens, & pour servir de nourricier à tes enfans & à tes serviteurs persécutez pour ton Evangile.

O Dieu! que l'œil de ta miséricorde soit continuellement arrêté sur lui & sur ses habitans. Répands sur tous ceux que tu as apellez au Gouvernement, & sur tout l'Etat en général, & sur tous les Membres en particulier, tes bénédictions les plus excellentes &

B 3   plus

plus précieuses ; remplis ses Conseils de ton Esprit de véritable & salutaire Sagesse, & ceux qui gouvernent, de ton Esprit de tendresse paternelle envers ceux que tu as commis à leurs soins, remplis ceux qui sont gouvernez de ton Esprit de fidélité, d'obéissance & d'amour envers leurs Supérieurs, & de charité réciproque les uns envers les autres, qui les porte à se regarder mutuellement comme membres d'un même corps dont la conservation dépend de la concorde & du secours réciproque qu'ils se doivent rendre les uns aux autres. Remplis-les tous en général, & chacun en particulier, des dons & graces nécessaires pour connoître les différens devoirs de leurs différentes vocations, & pour les remplir : Fais lever ton Soleil de justice sur tous, & qu'il répande de toutes parts sa divine Lumiére & sa vivifiante Chaleur qui dissipe tous les esprits de ténébres, les esprits

prits infernaux , peftes & ruines de tous les Corps & de toutes les Sociétez ; qu'il chaffe l'efprit d'injuftice, d'infidèlité, de rebellion, d'orgueil , d'ambition , d'avarice, d'infame volupté , de fuperbe , d'impiété , d'hipocrifie , d'oftentation , de vaine gloire , de fourberie , de tromperie , de cruauté, de férocité , de violence , d'opreffion , d'impudicité , d'envie, & tous autres monftres que l'enfer a produits pour s'opofer à l'édification & manifeftation de ta Vérité , & à l'accroiffement du régne de ta Juftice & de ta Paix.

O Dieu ! éxauce-nous & chaffe non feulement les vices affreux qui font horreur à tous ceux qui les voyent : mais Seigneur , diffipe auffi tant de fauffes vertus qui féduifent & furprennent les bons fous le mafque trompeur des véritables. Fais tomber tous ces mafques , & fais rentrer ceux qui les portent en eux-mêmes pour te de-

B 4

mander

mander pardon de leur faute, & donnant gloire à ton Nom, changer de conduite.

Fais-le pour l'amour de toi-même, ô Dieu de miséricorde ! & nous accorde encore mieux que nous ne ſavons, ni ne pouvons demander ; car toi ſeul connois nos véritables beſoins ; toi ſeul as les véritables remédes entre tes mains ; toi ſeul en ſais faire une juſte & ſalutaire aplication ; toi ſeul es toute nôtre attente & toute nôtre eſpérance. O Dieu des Cieux ! éxauce-nous en ta Miſéricorde, en ta Charité, en ton Amour pour nôtre ſalut, & à cauſe de ton Nom adorable devant lequel tout genouil doit fléchir, ſoit au Ciel, ſoit en la terre, ſoit ſous la terre, & à qui ſeul apartient toute louange, tout honneur, toute gloire, toute action de grace & toute bénédiction, dès maintenant & dans tous les ſiécles des ſiécles. Amen.

AU-

AUTRE PRIERE.

O Dieu ! ô Dieu ! ô Dieu des Cieux ! Etre souverain qui habites les Cieux des Cieux; premier principe de toutes choses, & leur derniére fin. Etre éternel qui es & qui étois, & qui seras éternellement le Seigneur Dieu tout-puissant qui as fondé la terre par ta force, étendu les Cieux par ta prudence; qui as subordonné toutes choses par ta Sagesse, qui fais miséricorde, jugement & justice sur la terre, parce que telles choses te plaisent. Pére des esprits de toute chair & qui en es le souverain Modérateur & Conservateur. Rémunérateur miséricordieux des bons, & Correcteur sévére des méchans, jette les yeux de ta miséricorde sur tes pauvres Enfans, sur ton Peuple élû, sur tes Servi-

B 5   teurs

teurs & fur ta Créature, & hâte la venuë de ton Chrift , de ce Bien-aimé que tu as ordonné Roi éternel de Juftice & de Paix éternelle & inaltérable. O Seigneur ! hâte la manifeftation de ta Jérufalem célefte , promife dans ta Parole ; de cette Paix procédante de ton Saint Efprit , & fondée fur l'or très pur de tes divins Jugemens. O Dieu ! éxauce la prière des tiens , car le tems que tu as marqué pour leur délivrance aproche ; hâte donc ta venuë , ô véritable Jéfus : véritable & feul Reftaurateur univerfel de toutes chofes , vien triompher de tes ennemis & délivrer tes Serviteurs qui gémiffent dans leurs fers ; ouvre les cataractes de l'océan de tes Miféricordes & de tes Graces falutaires , qui faffent un renouvellement univerfel de tous les cœurs , & les rempliffe d'amour de ta Juftice falutaire & de ta Paix, & que l'efprit babilonien , l'efprit de confufion qui régne depuis fi

long

long tems, & tout esprit satanique, tout esprit qui t'est contraire, soit entiérement chassé & jetté dehors, & tous les êtres étant réünis en toi, par toi & pour toi, te louent & te glorifient dès maintenant & à jamais, dans tous les siécles des siécles. Amen.

RE-

REFLEXIONS

SUR LA

PREMIERE QUESTION.

Que suis-je ?

JE suis quelque chose, un je ne sai quoi, un être qui pense continuellement, qui ai en moi-même un nombre si grand de sensations actives; je veux dire de sensations qui portent à quelque action, & de sensations passives; je veux dire de celles qui portent à souffrir quelque action que je ne le connois pas moi-même, elles s'y sont formées je ne sai quand, ni comment ces sensations émuës par certains objets propres à les émouvoir, ou par eux-mêmes, ou par leurs images, causent de certains

je

je ne sai quoi, connus sous le nom de douleur ou de plaisir, de joye ou de tristesse, de la crainte ou de l'espérance, de l'aversion ou de l'amour; un certain je ne sai quoi violent, ardent, impétueux & féroce, connu sous le nom de colére, vient au secours des sensations blessées par ces objets qui causent la douleur; & pour les repousser si quelque cause supérieure ne l'arrête, un autre je ne sai quoi, connu sous le nom d'amour, pousse, porte & entraîne vers les objets qui causent du plaisir : enfin, je trouve en moi-même une si grande multitude de générations toûjours plus nouvelles & plus belles, que je suis obligé de les diviser & séparer, & d'en former divers assemblages que je nomme Sphéres subordonnées les unes aux autres, différentes en nature, en dimensions, en mouvemens, en fonctions; chacune de ces Sphéres a ses générations qui lui sont propres, & chacune

cune a les tems, les saisons, les rencontres & lieux marquez pour éxercer ses fonctions, & une mesure de durée de leur éxercice, & un poinct qu'elles regardent, ou qui est leur objet principal ; les unes regardent l'utile qui est le poinct Oriental ; d'autres l'agréable, qui est le poinct Occidental ; d'autres l'honnête, qui est le poinct Austral, ou du Midi ; d'autres le juste, qui est le poinct Septentrional ; d'autres le gouvernement qui est le Zenith ; d'autres l'obéïssance & la soûmission qui est le Nadir ; d'autres la Religion qui est l'ame & le lien de tout. Enfin, ce je ne sai quoi se porte dans un instant dans les plus profonds abîmes, passe avec autant de vitesse jusques sur les derniers confins de ce grand & vaste Tout matériel apellé le Monde, qui a été tiré du néant par un autre Tout, dont le mien est une image encore imparfaite, mais qui aura un jour sa perfection.

fection. Cet Etre, dis-je, premier principe de toutes choses, est un Etre infiniment puissant, infiniment sage, infiniment saint, infiniment juste, & infiniment bon & bien-faisant, même à ses ennemis, qui en édifiant l'Univers visible, l'a aussi établi comme un emblême universel & visible aux yeux corporels des choses invisibles qui ne peuvent être comprises que par l'entendement & en esprit.

Ce moi, dis-je, voit la disposition & l'ordre, considére & contemple cette inombrable multitude de corps tirez du néant, & si différens en matiéres, en qualitez, en formes, en dimensions, en couleurs, en mouvemens, en lieux & en fonctions, tournant ensuite la vûë sur ce Globe terrestre qui a moins de proportion avec le grand Tout, qu'une petite Boule n'en a avec ce Globe même, quelque grand & vaste qu'il paroisse aux yeux de ses Habitans.

Alors

Alors je me trouve saisi d'éton-
nement à la vûë des troubles & des
agitations de cette prodigieuse multitude de corps que je nomme individus qui composent le Genre
humain, dont chacun a en soi-même le germe dont j'ai parlé : ce je
ne sai quoi qui pense continuellement capable de faire tout ce que
je fais & qui pourroit y parvenir
avec moins de travail qu'il n'en
met pour aquerir & pour conserver quelques atomes de poussiére
qui ne peuvent servir que pour le
corps, & dont l'aquisition illégiti-
me & l'usage déréglé sont très souvent funestes dès cette vie au corps
& à l'ame, & leur fait échanger
une éternité bien-heureuse, contre
une éternité malheureuse : la conservation même perpétuelle de ces
atomes de poussiére leur est absolument impossible, quelques pré-
cautions qu'ils puissent prendre
pour cela.

Enfin, après ce que nous apre-
nons

nons de Dieu même par la bouche
de Moïse : Que Dieu avoit formé
l'homme à son image & semblan-
ce. Après ce que le Sage a dit
que Dieu avoit fait l'homme capable de contenir toutes choses. A-
près ce que Saint Paul a dit que
Dieu seroit tout en tous ; & ailleurs, que Jésus Christ seroit tout
en tous ; je ne fais plus difficulté
de définir ce que j'ai d'abord désigné par un je ne sai quoi, un ê-
tre qui pense continuellement, je le
définis, dis-je, un Germe immortel & éternel, qui venant à se déveloper par de continuelles générations avec ordre & mesure convenable de l'unité individuë, tend
à la souveraine Perfection de son
être, & à l'unité ou réünion universelle & pacifique de toutes ses
générations.

Dans ce germe Divin sont contenus en puissance dix Univers que
nous apellerons Philosophiques,
c'est à dire dix natures fondamen-

C

tales

tales de recherches de la vérité, qui arrivant à leur perfection par degrez, font dix connoissances universelles de dix natures fondamentales, assavoir la connoissance universelle des substances & des matiéres, la connoissance univer-selle des qualitez des substances. & des qualitez des matiéres, la con-noissance universelle des formes des substances & des formes des matié-res; la connoissance universelle des couleurs, des substances & des cou-leurs des matiéres.

La connoissance universelle des dimensions des substances & des dimensions des matiéres; la con-noissance universelle des mouve-mens des substances, & des mou-vemens des matiéres; la connois-sance universelle des devoirs des substances, & celle des devoirs des matiéres; la connoissance univer-selle des lieux convenables à cha-que substance selon sa nature, & cel-le des lieux convenables à chaque matiére selon sa nature; la connoissance

noiſſance univerſelle des fins des
ſubſtances & de celles des matiéres ; la connoiſſance univerſelle des
inſtrumens, ou moyens convenables
pour faire arriver les ſubſtances ou
les matiéres aux fins où l'on veut
les conduire.

Nous diſons donc que ces dix
connoiſſances univerſelles ſont contenuës en puiſſances dans ce Germe
divin , au même ſens qu'un poi-
rier, bois , feuilles , fleurs & fruits,
eſt contenu dans un pepin bien
meur & bien conditionné ; un chê-
ne dans un gland ; un homme parfait dans un embrion ; mais comme leſdits germes ſupoſez même
être bons, ne ſont point également
dévelopez ; de là procéde cette in-
croyable diverſité de ſentimens , de
raiſonnemens & de jugemens , même entre les bons & les élus. Mais
lors que ce germe Divin eſt corrompu par les mauvaiſes inſtruc-
tions , ou par les mauvais éxemple-
ples qui entrent par les oreilles &

C 2

par

par les yeux qui font les principales portes par où le bien & le mal
entrent ; ou que les penfées , les
idées , les fentimens , les raifonnemens & les jugemens étrangers entrent en trop grande abondance ,
ils fuffoquent ce germe qui devient
un cahos de confufion & de corruption , dans lequel s'engendrent
toutes fortes de mauvaifes fenfa-
tions , de raifonnemens réprouvez
& de jugemens corrompus qui ve-
nans à fe répandre au dehors , rem-
pliffent le monde d'actions criminelles , de doctrines corrompuës,
de maximes pernicieufes , d'où
naiffent les troubles , les guerres ,
les injuftices , les violences , les
opreffions tiranniques , les cruau-
tez , les fuperftitions , & tous les
autres defordres qui travaillent les
habitans de ce Globe terreftre : Et
enfin ; lors que ce germe vient à
fe déveloper du cahos ci - deffus
mentionné , il fe dévelope en fin-
ge & s'édifie par imitation ; c'eft à
dire ,

dire, que lors qu'il fait mal, il
agit dans son pur naturel, & lors
qu'il fait bien c'est par imitation ;
de là naissent tant de singeries, tant
d'imitations, tant de grimaces,
tant de mascarades, tant de farces
& tant de batelages dans le spiri-
tuel & dans le temporel.

Or comme le germe élû se dévelope à l'image de Dieu, le germe réprouvé se dévelope à l'image
du Diable, comme nous le ferons
voir distinctement dans la suite de
l'Ouvrage, moyennant le secours
de celui qui nous a conduit & ga-
renti dans nôtre périlleux voyage
Philosophique.

RE-

REFLEXIONS

SUR LA
SECONDE QUESTION.

Où suis-je ?

JE suis dans une portion de ma-
riére distinguée en parties différentes subordonnées les unes aux
autres avec mesure & proportion,
& ayant chacune leur propre fonction à remplir pour l'édification &
conservation du Tout, nommé le
corps humain.

Toutes ces parties quoi que sorties d'un même principe, ou d'un
même germe, ou d'un même lait
seminaire qui n'est en soi-même
qu'un excrément, sont très différentes entr'elles, les unes sont du-
res & fortes, d'autres sont fléxi-
bles,

bles, d'autres molles, d'autres fluides & coulantes, d'autres volatiles, & toutes ces parties quoi que si differentes entr'elles, ne composent qu'un tout individu nommé le corps humain. Enfin, quoi que ce principe ne soit qu'un excrément & un cahos, il en sort un corps ayant sentiment, mouvement & pouvoir, en se joignant à un autre de différent séxe, d'engendrer d'autres semblables à soi-même, & de leur communiquer tout ce que lui-même a reçû de l'Auteur de son être.

Toutes les parties qui composent ce Tout lui sont tellement nécessaires, que le défaut de quelques-unes lui est une imperfection, chacune est tellement obligée de remplir les devoirs qui lui sont propres, que si elle y manque le tout en souffre & elle aussi.

Que si chaque partie doit concourir dans sa fonction à la conservation du tout; le tout aussi de

son

ſon côté doit , pour la conſervation de ſon être , travailler à la
conſervation de toutes ſes parties ,
même de celles qui paroiſſent les
plus viles , qui ſouvent ſont les
plus néceſſaires à la conſervation
du tout.

Ce tout que je nomme individu
eſt ſorti d'un peu de lie du ſang
bien préparé de deux autres individus différens en ſéxe , il a été
formé dans l'obſcurité & dans un
terme ou meſure de tems commune à tous à ſon entrée dans le
monde , il a été reçû par des mains
étrangéres (ne pouvant s'aider ſoi-
même) qui l'ont porté , l'ont gouverné & conſervé juſques à un certain tems qu'ils l'ont laiſſé à lui-
même & à ſa propre conduite ; cet
individu doit être conſidéré en ſept
tems , en ſa conception , en ſa for-
mation , en ſa naiſſance , en ſon
accroiſſement , en ſa perfection &
conſiſtance , en ſa déclinaiſon & en
ſa fin. Ces corps ou individus de
l'un

l'un & de l'autre féxe fe multi-
plians, il s'en forme pluſieurs autres
corps ou aſſemblages, ou ſociétez
que nous déſignerons par les noms
ſuivans, aſſavoir; la ſociété privée,
ou celle qui eſt entre perſonnes pri-
vées; la conjugale, celle qui eſt entre individus de différens féxes,
l'économique ou domeſtique; celle qui eſt entre ceux d'une même
famille; la conditionnelle, celle
qui eſt entre perſonnes d'une même condition; la civile, celle qui
eſt entre perſonnes d'une même Vil-
le; la nationale, ou celle qui eſt
entre perſonnes d'une même Nation; la Politique, ou celle qui
eſt entre perſonnes qui compoſent
un même Etat; la Sphérique, ou
celle qui eſt entre perſonnes qui
font dans une même Sphére, ou
dans un même Globe.

Ce Corps donc individu que je
gouverne & conduits, quoi que
lui-même foit un tout parfait en
fon eſpéce, devient lui-même

C 5

mem-

membre de plusieurs des Corps, ou Sociétez dont je viens de parler, & peut l'être de tous; & par là engagé dans autant de différens devoirs qu'il est membre d'autant de différens corps, à tous lesquels Corps l'on peut apliquer tout ce que nous avons dit & tout ce que nous pourrons dire sur le Corps individu nommé le Corps humain.

Tous les individus qui composent le genre humain sans exception, ont eu leurs principes semblables & ont tendu à la même fin qui est la mort, & tous y ont passé, les uns plûtôt, les autres plus tard; & comme ils n'ont rien aporté en entrant dans ce monde, ils n'emportent rien en sortant que leurs œuvres qui les accompagneront pour comparoître devant le Juge souverain qui en récompensera ou châtiera l'Auteur. Pourquoi donc tant me travailler pour l'aquisition des biens temporels dont je ne puis m'assurer la possession

sion pour une heure seulement ? puis que je n'ai point de certitude absoluë d'animer ce corps dans une heure, pendant que j'oublie ma principale occupation qui doit être mon édification & la perfection de mon être, pour être participant du Salut éternel promis aux bons.

Tout ce que nous avons dit sur le corps humain convient à tous les autres corps que nous avons nommez, ils sortent tous d'un seul & premier principe, ils passent tous pour les sept tems par où nous avons dit que le premier a passé; si quelque accident n'arrête leur course plûtôt, ils ont tous des devoirs réciproques à quoi ils ne peuvent manquer sans avancer leur ruine. Quel esprit infernal les porte donc à se détruire eux-mêmes, à multiplier & augmenter leurs miséres avec plus de travail qu'il n'en faudroit pour se rendre tous heureux, si chacun vouloit contribuër

à

à cela selon ses talens & selon les dons de la nature & de la grace. Quelle est donc la premiére source de tous ces maux ? c'est l'ignorance de soi-même , cette premiére source en produit une autre , l'ignorance de ses devoirs ; c'est de là que découlent un nombre infini d'autres sources infernales & corrompuës qui arrosent l'arbre de mort qui porte des fruits en si grande abondance.

REFLEXIONS

SUR LA

TROISIE'ME QUESTION.

Qui m'a mis dans cet individu animé ?

UNe troisiéme Question naît des deux premiéres ; savoir qui m'a mis dans cet individu animé ? Je cherche donc l'Auteur de mon être, l'Auteur de ce quelque chose qui pense continuellement ; je le cherche, dis-je, de toute ma force par la méditation, & je l'apelle à mon secours par la priére : enfin, au travers de tout cet amas d'idées, de sentimens, de raisonnemens, de jugemens, &c. reçûs par les yeux, & par les oreilles, je perce & arrive à un premier Principe de toutes choses, qui en est aussi la derniére fin, &

qui

qui parfaitement dévelopé & arrivé à la souveraine perfection de
son Etre éternel & immortel , ne
faisant qu'un tout très parfait composé de plusieurs substances différentes entr'elles , en leurs qualitez
& fonctions si parfaitement réü-
nies , qu'elles ne composent qu'un
tout dont ce vaste Univers visible
nous est un emblême , qui , quoi
que composé de tant de corps différens en matiére , en formes , en
qualitez , en dimensions , en mouvemens , & en fonctions , &c. néanmoins ne font qu'un tout divisé
en parties distinctes les unes des
autres.

Ce tout invisible aux yeux du
corps est-il demeuré en lui-même
dans sa félicité ? non il a voulu se
reproduire , s'il est permis de parler ainsi ; pour cet effet il a tiré
du néant , par sa toute-puissance ,
une matiére informe & confuse
comme un lait seminaire d'où il
vouloit former ce grand Univers.
                              Voila

Voila un agent qui commence un Ouvrage tel qu'il se l'est proposé en lui-même, la matiére qu'il a tirée du néant est le sujet patient de son action : cet Auteur, dis-je, & Acteur tout ensemble, c'est à dire, cet être qui éxécute lui-même l'Ouvrage dont il a formé le plan en lui-même avant la création de la matiére visible, prépare cette matiére qu'il a tirée du néant & la divise en plusieurs corpuscules de différentes figures ; il forme différens assemblages de ces corpuscules, il sépare ces différens assemblages les uns des autres, les revêt pour ainsi dire de différentes qualitez, les place en différentes Sphéres, & leur assigne différentes fonctions, & établit la subordination entr'eux, & un commerce naturel & universel pour leur édification, perfection & conservation réciproque, il leur marque aussi des limites qu'ils ne peuvent passer ; il veut que les uns gouvernent,

nent , & que d'autres soient gouvernez ; & que d'autres tenant le
milieu & étans comme Médiateurs
entre les uns & les autres , en en-
tretiennent la correspondance réciproque , & qu'il y ait , pour ainsi dire , un flux & reflux d'influences des uns envers les autres pour
leur commune félicité.

Nous désignerons ce qui précé-
de le commencement de la Création
par le mot d'Eternité , & le commencement de la Création , par
le commencement du Tems , & en
ce sens l'on peut dire que tout ce
qui d'invisible devient visible , passe de l'Eternité dans le Tems , & ce
qui devient invisible passe du Tems
dans l'Eternité , au même sens que
les Fontaines , Riviéres & Fleu-
ves sortent de la Mer , image de
l'Eternité , pour y retourner par la
terre , image du Tems.

Les hommes s'étans multipliez
se sont premiérement occupez à
la recherche de l'utile , à la conservation

vation de ce que nous apellons le corps, & à la satisfaction des sens corporels : d'autres ont porté leur recherche plus loin, & se sont apliquez à connoître les Ouvrages & ont négligé la connoissance de l'Ouvrier : d'autres ont bien fait quelques démarches pour connoître l'Ouvrier lui-même ; mais la plûpart entraînez par le torrent de la mauvaise coûtume, ont préféré le tems à l'Eternité, le présent à l'avenir, & oubliant de travailler à la perfection de leur être intérieur, savoir cét être que nous avons défini dans la première Question, n'ont travaillé qu'à l'aquisition des choses passagéres. C'est de quoi nous traiterons plus amplement & en détail dans la suite, moyennant le secours de celui qui peut tout, & sans qui nous reconnoissons que nous ne pouvons rien.

D   RE-

REFLEXIONS
SUR LA
QUATRIE'ME QUESTION.

Pourquoi ai-je reçû l'être?

UNe quatriéme question est ti-rée des trois précédentes, c'est pourquoi j'ai reçû l'être, & pour quelle fin.

Cette Question se divise en deux; assavoir pourquoi j'ai reçû l'être, par raport à celui qui me l'a donné, & pourquoi je l'ai reçû, par ra-port à moi-même. A l'égard de la premiére Question, j'aprens de Dieu même, que c'est afin que je l'aime par dessus toutes choses, & préférablement à moi-même, que j'éxécute sa volonté préférablement à celle de tout autre sans excep-tion,

tion, & que j'obferve fes Loix,
fes Jugemens & fes Ordonnances, préférablement à toutes autres
Loix, à tous autres Jugemens &
à toutes autres Ordonnances con-
traires, & que je remplifle fidèle-
ment & comme devant lui-même
qui voit tout, tous les différens
devoirs attachez aux différens états
de la vie active par où il me fait
paffer dans cette vie terreftre, dont
le commencement eft un paffage
de l'éternité dans le tems, & la
fin eft un retour du tems dans l'é-
ternité : c'eft pourquoi il veut que
je regarde les biens contenus dans
ce Globe terreftre, comme des
chofes paffagéres & périffables que
je ne puis emporter avec moi, que
s'il m'en donne plus que mon né-
ceffaire à l'entretien de cette mai-
fon terreftre qu'il m'a donnée à
gouverner & conduire entre d'autres femblables, j'en dois faire part
à ceux que je vois qui en ont be-
foin, & fi je ne le fais pas je vio-

D 2

le

le , non feulement le commandement de fa Loi qui défend de dé-
rober , puis qu'ayant reçû de nôtre Maître commun des biens pour
les diftribuër à mes compagnons de
fervice , je ne fais pas fa volonté,
me rendant par là coupable d'infidèlité dans mon adminiftration :
mais je viole auffi l'article de la
Loi qui défend de tuër , fi celui
que je dois fecourir meurt par défaut de mon fecours : enfin , il me
donne fa Loi pour être la régle de
ma conduite envers lui & envers
mes femblables.

A l'égard de la feconde Quef-
tion , j'aprens que Dieu m'a donné l'être pour me faire participant,
à la fortie de cette carriére labo-
rieufe & pénible , mais courte,
d'une éternité bienheureufe , ou
d'une félicité & d'un repos qui ne
fera plus troublé ; il m'affure de
fa Protection & de fon Secours dans
tous les périls qui me menacent ;
& comme il eft le Souverain de
tous

tous les Souverains, je ne dois craindre que lui qui peut m'envoyer dans l'abîme & m'en retirer quand il lui plaira. Tous les autres Souverains qui font fur ce Globe terreftre, ne tiennent leur puiffance que de lui feul qui en a limité l'étenduë & la durée dans des bornes fort petites, puis qu'ils ne fauroient, par leur propre vertu, faire fortir une plante de la terre, ni même conferver leur propre corps fans fe fervir des moyens que Dieu a établis pour fa confervation.

Enfin, à l'égard du corps qu'ils animent, qu'ils gouvernent & conduifent, ils font des Créatures tirées du néant par le même Créateur, des Ouvrages fortis des mains d'un même Ouvrier, des Sujets d'un même Souverain, des Serviteurs d'un même Maître, qui ont reçû leur vocation de lui pour être Membres fubordonnez de quelques Corps, & à qui eux &

 moi

moi rendrons compte de nôtre conduite dans cette vie , & devant
qui comparoîtront toutes nos générations intérieures , & toutes nos
productions extérieures qui feront
raprochées de leurs principes , pour
être jugées en dernier reſſort : il
me fait , dis-je , connoître que tous
les corps humains étans ſon Ouvrage , j'attaque l'Ouvrier en ſon
Ouvrage , quand j'en cherche la
deſtruction , ou quand j'en laiſſe
détruire quelqu'un par ma faute.

A l'égard du Germe divin , ou
de cet être qui penſe toûjours qui
eſt en lui , j'attaque Dieu lui-même en ſon image & ſemblance ,
quand je le corromps par des mauvaiſes Doctrines , par des perni-
cieuſes maximes, par des mauvais
éxemples , & par des jugemens
corrompus qui font naître dans ledit germe des ſenſations , ou des
ſentimens infernaux & réprouvez:
il me fait voir que le deſir de la
félicité qui eſt dans tous les hommes ,

mes, vient de lui ; & me montre
en même tems, que ce qui eſt ſu-
jet à corruption ne peut procurer
une ſolide félicité ; mais qu'à prendre le bien en général pour tout ce
qui peut procurer quelque félicité , il y en a de neuf natures univerſelles , & autant de différentes
natures de maux conſidérez par
opoſition aux biens.

Ces neuf natures différentes de
biens, ſont premiérement les biens
que nous déſignerons par le terme
d'éxiſtence, par leſquels biens nous
entendons un bon naturel qui eſt
la premiére baſe & le premier fon-
dement de tous les autres ; il eſt
auſſi le premier Germe de toutes
les générations & de toutes les productions bonnes & mauvaiſes, ſuivant ſes différentes déterminations
au bien ou au mal. Du naturel
naît l'inclination, de tous les deux
procéde l'affection ; de tous les
trois s'engendre l'édification. De
ces quatre ſe tire le tempérament,

D 4

&

& le sentiment vient de tous les cinq, & se divise en tact, ou l'attouchement, goût, odorat, ouïe, vûë & jugement; ce dernier est le Roi & le Souverain, à qui tous les autres doivent obéïr.

Par les biens de disposition nous entendons ceux qui procédent d'une bonne température & d'une juste proportion des parties qui composent un tout, soit matériel, soit substantiel.

Par les biens de possession nous entendons ceux qui sont véritablement & légitimement en nôtre pouvoir & dont nous pouvons disposer.

Par les biens de privation nous entendons toutes les douceurs & tous les contentemens que nous goûtons pour avoir été délivrez de quelques maux.

Par les biens d'institution, nous entendons les tîtres & autres marques de distinction établies pour récompenser quelques services rendus, ou par d'autres raisons.

Par

Par ceux d'opinion, nous entendons ceux qui ne sont biens que suivant l'opinion que l'on en a.

Par les biens instrumentaux nous entendons ceux qui n'étans pas biens par eux-mêmes servent néanmoins d'instrumens pour en aquérir de véritables.

Par les représentans nous entendons tous ceux qui tombent sous les sens corporels qui doivent être considérez physiquement ou naturellement ; c'est à dire , comme servans à cette terre animée que nous apellons le corps humain , & emblêmatiquement ou mistiquement ; c'est à dire, comme représentans des biens qui ne peuvent être connus que par l'entendement & en esprit.

Enfin , par les composez nous entendons ceux qui participent de plusieurs , ou de toutes les sortes de biens susmentionnez.

De ces neuf natures différentes de biens naissent neuf natures dif-

 férentes

férentes d'aquisitions légitimes, &
autant de natures différentes de larcins, & de là autant de différentes natures de péchez contre la dé-
fenſe de la Loi, tu ne déroberas
point.

L'Univers étant diviſé en divers
Corps ou Sociétez, il y a autant
de différentes ſortes de biens convenables à chacun de ces différens
compoſez, d'où naiſſent encore
autant de ſortes de larcins.

Enfin, puis que tous les êtres
ſans exception, ont des devoirs
à remplir, ſoit envers leurs Supérieurs, ſoit envers leurs inférieurs,
ſoit envers leurs égaux, ſoit envers
eux-mêmes, il s'enſuit que ceux
qui ne les rempliſſent pas, violent
la deffenſe de la Loi; tu ne déroberas point, en autant de différentes maniéres que les devoirs qu'ils
ont à remplir ſont différens.

La diviſion que nous avons faite des biens en neuf natures différentes ſe peut auſſi apliquer aux
                              maux

maux confidérez par opofition aux biens.

A V I S
AUX LECTEURS.

*L*Es mots, les termes, les expreſſions, & leurs conſtructions différentes n'étant que des inſtrumens, ou moyens que les hommes en général, chaque Langue, chaque Nation, chaque Condition, chaque Profeſſion, & chaque Particulier, ont inventez pour faire paſſer & transférer hors d'eux-mêmes leurs penſées, leurs idées, leurs ſenſations, ou ſentimens, leurs raiſonnemens & leurs jugemens: en un mot, toutes leurs générations intérieures, & recevoir les penſées, les idées, les ſenſations, les raiſonnemens & jugemens; en un mot, toutes les generations des autres,

&

& par là établir un commerce vocal
& littéral de toutes les choses susnom-
mées, soit sur les affaires temporelles
& visibles, soit sur les affaires spirituelles & invisibles aux yeux corporels: d'ailleurs, la diversité des Langues, des expressions & des construc-
tions des mots & des termes, la diversité des sensations ou sentimens là dessus, rendant cette communication ou
ce commerce très difficile, même entre
personnes qui semblent parler une
même Langue, & absolument impossible dans le général à l'égard du spiri-
tuel qui ne tombe point sous les sens
corporels & matériels, nous nous servirons, pour nous énoncer, ou pour re-
présenter les notions & les sensations
intellectuelles qui sont en nous, des
emblêmes visibles & materiels que
Dieu lui-même a formez de sa main,
& qu'il a mis devant les yeux de
tous les hommes, pour les conduire
vers lui qui en est le Créateur & le
souverain Maître. Nous nous en
servirons, dis-je, en considérant la
matiére créée & visible phisique-
ment;

ment ; c'est à dire, en ce qu'elle est en elle-même, & en ce qu'elle repréſente des choſes qui ne tombent point ſous les ſons matériels & qui ne peuvent être connuës que par l'entendement & en eſprit.

Cette matiére donc créée & viſible, doit être conſidérée phiſiquement en dix maniéres univerſelles & fondamentales du premier ordre, aſſavoir, en la merveilleuſe diverſité, & innombrable multitude de matiéres; en la merveilleuſe diverſité & l'innombrable multitude de leurs qualitez; en la merveilleuſe diverſité & innombrable multitude de leurs formes en; la merveilleuſe diverſité & innombrable multitude de leurs dimenſions ; en la merveilleuſe variété & innombrable multitude de leurs mouvemens ; en la merveilleuſe variété & innombrable multitude de couleurs dont elles ſont revétuës ; en la merveilleuſe variété & innombrable multitude de lieux qu'elles occupent ; en la merveilleuſe variété & innombrable multitude de fonctions

ou

ou devoirs qu'elles remplissent ; en la merveilleuse diversité & innombrable multitude de fins où elles tendent ; & en la merveilleuse variété & innombrable multitude de moyens pour y parvenir.

Ladite matiére créée & visible doit être aussi considérée en dix manieres emblématiques ou représentantes, universelles & fondamentales du premier ordre.

C'est à dire, en ce qu'elles représentent la merveilleuse diversité & innombrable multitude de substances ; la merveilleuse diversité & innombrable multitude de leurs qualitez ; la merveilleuse diversité & innombrable multitude de leurs formes ; la merveilleuse diversité & innombrable multitude de leurs dimensions ; la merveilleuse diversité & innombrable multitude de leurs mouvemens ; la merveilleuse variété & innombrable multitude de couleurs dont elles sont revêtuës ; la merveilleuse diversité & innombrable multitude de lieux qu'elles occupent ;

cupent ; la merveilleuse diversité & innombrable multitude de fonctions ou devoirs qu'elles remplissent, la merveilleuse diversité & innombrable multitude de fins où elles tendent ; & enfin la merveilleuse diversité & innombrable multitude de moyens pour y parvenir.

Nous commencerons donc cet Ouvrage en mettant d'un côté la création & l'édification des matiéres ; & de l'autre la génération & l'édification des substances, & nous continuërons de la même maniére aussi long tems que l'Etre souverain voudra le permettre & nous en accorder les moyens. A lui seul en soit rendu tout l'honneur, toute la gloire, toute louange, toute action de graces, & toute bénédiction, dès maintenant & dans tous les siécles des siécles. Amen.

Enfin, nous commencerons par l'invocation du secours de celui sans lequel nous reconnoissons que nous ne pouvons rien, mais avec qui nous
pou-

pouvons tout. O Dieu d'éternelle vérité, remplis-moi de ton Esprit de vérité qui conduise ma main pour n'écrire que ta Vérité telle que tu la veux presenter aux hommes; purifie mes levres avec ton Feu divin, & n'en laisse sortir que des véritez épurées & revêtuës des qualitez necessaires pour rapeller tous les hommes de leurs erreurs à la veritable connoissance d'eux-mêmes, & de tous leurs différens devoirs, tant envers toi, ô Etre souverain! qu'envers leurs semblables, envers eux-mêmes & envers tes Creatures, & à les remplir de ta divine & vivifiante Lumiere. O Dieu! éxauce, & le fais pour l'amour de ton Nom éternellement adorable, à qui seul apartient tout honneur; toute gloire, toute louange, toute action de grace, toute benediction; toute force, toute puissance, toute sagesse, dès maintenant & dans tous les siecles des siecles. Amen.

ESSAIS

ESSAIS

PHILOSOPHIQUES

Sur la Création & Edification
des Matiéres.

Le premier Jour.

ET

ESSAIS

THEOLOGIQUES

Sur la Génération & Edification
des Substances.

Le premier Jour.

E   ES.

ESSAIS

PHILOSOPHIQUES

Sur la Création & Edification des Matiéres.

Le premier Jour.

AU commencement, c'est à di-re, lors que l'Etre souverain que nous désignerons par le terme Dieu, commença à produire & é-xécuter l'Ouvrage qu'il avoit con-çû & formé en lui-même, assa-voir le monde matériel & visible. Dieu, dis-je, tira du néant une matiére premiére, morte, brute, sans forme, confuse & ténébreuse, que Moïse désigne par un mot qui signifie un je ne sai quoi sans for-me, contenant en puissance toutes sortes de formes ; nous le nomme-

rons

ESSAIS
THEOLOGIQUES

Sur la Génération & Edifica-tion des Substances.

Le premier Jour.

NOus ne ferons point difficul-té de dire après l'Evangelis-te Saint Jean : *Au commencement*, c'est à dire, lors que le divin En-tendement (que nous designerons par les termes de fondamental sub-stantiel, pour le distinguer de ceux que nous apellerons aussi fondamen-taux du premier ordre ; assavoir, l'entendement des qualitez ; l'en-tendement des formes ; l'entendement des couleurs ; l'entendement des di-mensions ; l'entendement des lieux ; l'entendement des mouvemens ; l'en-

E 2

tendement

rons auffi le Lait Seminaire de tous
les Etres matériels & vifibles qui
compofent l'Univers matériel.

Dieu non feulement revêtit cette matiére de la puiffance d'en tirer
d'autre femblable du néant ; mais
il lui donna auffi de la pouvoir
communiquer à celle qu'elle auroit
tirée

tendement des fonctions ou offices ;
l'entendement des fins , & l'entendement des moyens pour y parvenir ;
tous lesquels concourent dans la ge-
nération (édification , & conservation de tous les êtres substantiels &
matériels) lors , dis-je , que ce divin Entendement engendra en lui-
même le divin & tout-puissant Rai-
sonnement son Fils , par lequel toutes choses ont été faites , & sans
lequel rien de ce qui a été fait n'a
été fait ; il tira du neant une substance morte , brute , confuse & te-
nebreuse , que l'on peut désigner par
un je ne sai quoi sans forme , contenant en puissance toutes sortes de
formes ; nous la nommerons aussi le
Lait Seminaire de tous les êtres substantiels & invisibles aux yeux corporels & representans.

Ce divin Entendement que nous
designerons par le terme Dieu , revêtit cette substance premiere de la
puissance d'en engendrer d'autre
semblable , & de lui communiquer

E 3

aussi

tirée de même qu'un grain de blé, par éxemple, n'a pas seulement la vertu de produire plusieurs autres grains semblables à lui ; mais aussi ceux qu'il a produits en peuvent reproduire d'autres à l'infini : il lui donna , dis-je , ce pouvoir pour avoir de quoi donner à son Ouvrage matériel & visible toute l'étenduë qu'il s'étoit proposée.

Ensuite, Dieu répandit son Esprit édifiant sur toute cette matiére premiére qui la couva, échauffa & mit en mouvement, & la divisa en plusieurs corpuscules , ou caractéres matériels de différentes natures , de différentes formes , de différentes dimensions , &c. & pour différentes fins.

Entre ces différentes natures de corpuscules , ou caractéres matériels , Dieu en sépara une d'avec les autres , qu'il destina pour les éclairer, échauffer, animer , édifier & régler , & pour être le flambeau universel de toute la premiére

aussi la même puissance generative,
pour avoir de quoi conduire son Ouvrage substantiel au souverain degré de perfection.

Ensuite, Dieu mit son Esprit
édifiant sur toute cette substance
premiére qui la couva, échauffa
& mit en mouvement, & la divisa
en plusieurs corpuscules ou caracteres substantiels de différentes natures, de differentes qualitez, de
differentes dimensions, &c. & pour
differentes fins.

Entre ces diffentes natures de
caracteres substantiels, Dieu en
separa une d'avec les autres pour
les éclairer, échauffer, animer,
édifier & régler dans leur conduite,
& la destina pour être le flambeau
universel de toute la premiere Sphere;

re Sphére : il nomma cette matiére seconde engendrée de la premiére , Lumiére ; après quoi Dieu
contempla & jugea que la Lumiére étoit bonne.

La durée du tems que Dieu em-
ploya à ce premier Ouvrage matériel, est nommée le premier Jour ;
nous la nommerons aussi la premiére Epoque terrestre, pour la distinguer des Epoques Lunaires & Solaires , &c. & y joindrons le terme d'action pour la distinguer de
l'Epoque de repos, & de celle de
perfection , &c.

Le second Jour.

DAns la deuxiéme Epoque terrestre d'action, la matiére premiére se trouvant mieux digérée &
préparée par la chaleur vivifiante
& animante, Dieu sépara une autre nature de corpuscules , ou caracteres matériels procédante des
deux précédentes , nommées premiére

re ; *Dieu nomma cette substance
seconde engendrée de la premiere
lumiere : après quoi Dieu contempla & jugea que la lumiere étoit
bonne.*

*La durée du tems que Dieu em-
ploya à cet Ouvrage substantiel,
est nommée le premier Jour ; nous
la nommerons aussi la premiere E-
poque Terrestre pour la distinguer
des Epoques Lunaires, Solaires,
&c. & y joindrons le terme d'action
pour la distinguer de l'Epoque de
repos, & de celle de perfection,
&c.*

Le second Jour.

DAns la deuxiéme Epoque Terrestre d'action, la substance premiére se trouvant mieux digerée &
preparée par la chaleur animante
& vivifiante, Dieu separa une autre nature de caractére procedante
des deux premieres natures, & en

for-

miére & seconde natures matérielles, & en forma une vaste étenduë
qu'il nomma d'un mot qui signifie
proprement Eaux feux désigné autrement par le mot de Cieux au pluriel, nous nommerons cet assemblage de corpuscules, ou caractéres na-
turels & matériels, un Océan universel de matiére subtile, ou d'esprit
universel matériel, composé de trois
principes ou Elémens affinez ; assavoir, de soulphre, flegme & sel ; cet
Océan, dis-je, est le nourricier universel de tous les composez matériels, grands, petits & moyens, qu'il
contient en soi-même; le lien de leur
Société universelle; le voiturier & le
distributeur universel des émanations ou influences de tous les composez renfermez dans ladite Sphére ; le conservateur des distances &
des dimensions que Dieu a mises entr'eux tous, pour le libre éxercice
de leurs fonctions : enfin, c'est lui
qui entretient le commerce naturel & universel que Dieu a mis entre toutes ses créatures visibles, &
qui est l'ame universelle de tous
les composez matériels.   Après

forma une vaste étenduë qu'il nomma Cieux au pluriel ; nous nommerons cet assemblage de caracteres
substanciels, un Ocean universel de
substance subtile, ou de premiere es-
sence, ou d'esprit universel, substantiel, nourricier universel de
tous les corps substantiels, grands,
petits & moyens, qu'il contient en
soi-même ; le lien de leur societé universelle ; le voiturier & le distributeur universel des émanations ou influences de tous les composez renfermez dans ladite Sphere ; le conservateur des dimensions & des distances que Dieu a mises entr'eux tous
pour le libre éxercice de leurs fonctions ; enfin, c'est lui qui entretient
le commerce naturel & universel que
Dieu a établi entre toutes les substances invisibles aux yeux corporels,
pour leur commune édification, perfection, & conservation, & qui est
l'ame universelle de tous les composez substantiels.

Après

Après que Dieu eut rempli cette vaste étenduë qu'il nomma Cieux au pluriel, & qu'il divisa en, neuf chacun de nature différente, il divisa sa matiére premiére en deux parties, dont l'une resta au lieu de son origine premiére, continuant toûjours à tirer du néant de nouvelle matiére premiére, par la puissance que l'Auteur de son être lui en avoit donnée en la tirant elle-même du néant.

Dieu fit passer l'autre partie revêtuë aussi de la puissance de tirer du néant d'autre matiére semblable à elle-même, sur la surface de cette matiére subtile mentionnée ; la portion de matiére premiére qui resta au lieu de son origine premiére, fut nommée Eaux inférieures, & l'autre les Eaux supérieures.

Les unes & les autres étans revêtuës de la puissance de tirer du néant des matiéres semblables à elles-mêmes, les matiéres abondé-
rent

Après que Dieu eut rempli cette vaste étenduë qu'il nomma Cieux au pluriel, & qu'il divisa en neuf, chacun de nature differente, il divisa sa substance premiere en deux parties, dont l'une resta au lieu de son origine premiere, continuant toûjours à tirer du neant de nouvelle substance premiere, par la puissance que l'Auteur de son être lui avoit donnée en la tirant elle-même du neant.

Dieu fit passer l'autre partie revétuë aussi de la puissance de tirer du neant d'autre substance semblable à elle-même; il la fit, dis-je, passer sur la surface de cette substance subtile mentionnée, la portion de substance premiere qui reste au lieu de son origine premiere, fut nommée Eaux inferieures, & l'autre les Eaux superieures.

Les unes & les autres étant revétuës de la puissance de tirer du neant des substances semblables à elles-mêmes, les substances abonderent pour

la

rent pour la continuation de l'Ouvrage.

Après quoi Dieu contempla &
jugea que cela étoit bon.

Le troisiéme Jour.

Dans la troisiéme Epoque terrestre d'action, les matiéres inférieures, supérieures & moyennes, étant mieux préparées & digérées, tant par la chaleur vivifiante & animante de la matiére Solaire nommée **Lumiére**, que par le
dissolvant universel & naturel contenu dans la matiére subtile, ou
esprit universel nommé Cieux,
que Dieu avoit divisez en neuf, &
distinguez en autant de différentes
natures nourriciéres des corps matériels, différens en natures, en
dimensions, en mouvemens & en
fonctions, que Dieu vouloit y placer: Dieu, dis-je, fit d'autres divisions de ses matiéres. Pour nous
ex-

*Après quoi Dieu contempla & ju-
gea que cela étoit bon.*

Le troisiéme Jour.

DAns la troisieme Epoque terrestre
d'action, les substances inferieures,
superieures & moyennes, étant mieux
preparées & digerées, tant par la
chaleur vivifiante & animante de la
substance Solaire nommée Lumiere,
que par le dissolvant universel & naturel, contenu dans la substance
subtile, ou esprit universel nommé Cieux, que Dieu avoit divisez en neuf, & distinguez en autant
de différentes natures, nourriciéres
des corps substantiels, différens en
natures, en dimensions, en mouvemens, & en fonctions, que Dieu y
vouloit placer : Dieu, dis-je, fit
d'autres divisions de ses substances.
Pour nous expliquer avec ordre, &

pour

expliquer avec ordre , & éviter la confuſion , nous commencerons par la diviſion de la matiére premiere inférieure dont ce Globe terreſtre eſt formé.

Dieu donc diviſa ladite matiére nommée Eaux inférieures en deux natures différentes de matiére, aſſavoir, l'aqueuſe ou fluide , & la terreſtre , tirant cette derniére de la premiére.

Il diviſa auſſi la Nature aqueuſe , fluide & matérielle , en deux natures de matiére différente , de l'une froide & humide , amére , ſalée , fluide & peſante ; c'eſt à dire, tendante toûjours à ſon premier principe , ou ſa premiére origine , & ne s'en éloignant qu'avec violence ; il en forma un vaſte aſſemblage qu'il nomma Mer , qu'il unit avec la Nature terreſtre , fixe & ſéche, nommée Terre inférieure , pour ne faire qu'un tout diſtingué en pluſieurs parties de différentes natures.

De

pour éviter la confusion, nous commencerons par la division de la substance première inférieure dont ce Globe terrestre est formé.

Dieu donc divisa ladite substance nommée Eaux inférieures en deux natures de substance differente; assavoir, l'aqueuse, ou fluide, & la terrestre, tirant cette derniére de la premiere.

Il divisa aussi la nature aqueuse, fluide & substantielle, en deux natures de substances différentes, de l'une froide & humide, amére, salée, fluide, & pesante; c'est à dire, tendante toûjours à son premier principe, ou sa première origine, & ne s'en éloignant qu'avec violence, il en forma un vaste assemblage qu'il nomma Mer, qu'il unit avec la nature terrestre, fixe & séche, nommé Terre inférieure, pour ne faire qu'un tout distingué en plusieurs parties de natures differentes.

F De

De l'autre nature aqueuse, chaude, humide, fort mobile & légére, ou s'éloignant de son origine premiére, Dieu en forma une vaste étenduë nommée l'Air, pour servir d'envelope à la Nature terrestre & à l'aqueuse, & pour servir de voiturier universel à ce Globe terrestre matériel, pour transférer d'une région à l'autre les parties subtiles & aqueuses nommées vapeurs, & les parties subtiles & terrestres nommées exhalaisons.

Dieu divisa aussi la Nature terrestre, supérieure & matérielle, en deux natures différentes; savoir, lignée, ou combustible & inflammable, qui tend toûjours à s'éloigner de son origine avec plus d'activité que l'aërienne, étant chaude & séche, & la mére de la Lumiére & de la Chaleur.

L'autre Nature terrestre retient proprement le nom de terre de sa nature froide, séche, pesante; c'est à dire, ne s'éloignant de son origine

gine

De l'autre Nature aqueuse, chaude, humide fort mobile & légére, ou s'éloignant de son origine premiére, Dieu en forma une vaste étenduë nommée l'Air, ou l'Esprit, pour servir d'envelope à la Nature terrestre & à l'aqueuse, & pour servir de voiturier universel à ce Globe terrestre substantiel, pour transférer d'une région à l'autre, les parties subtiles & aqueuses nommées vapeurs, & les parties subtiles & terrestres nommées exhalaisons.

Dieu divisa aussi la Nature terrestre substantielle superieure en deux natures differentes ; savoir, lignée ou combustible, ou inflammable, qui tend toûjours à s'éloigner de son origine avec plus d'activité que l'aërienne, étant chaude & seche, & la mere de la Lumiere & de la chaleur.

L'autre Nature terrestre retient proprement le nom de terre, de sa nature froide, seche & pesante; c'est à dire, ne s'éloignant de son origine

pre-

gine qu'avec effort & violence, & par son opacité, engendrant les ténébres & le froid.

Voila donc quatre Elémens, ou principes fondamentaux & matériels de quatre natures différentes, deux ascendans & s'éloignans de leur origine, deux descendans ou ne s'éloignans de leur origine qu'avec effort & violence, deux Agens, & deux Patiens.

Chacun de ces quatre Elémens, ou principes matériels inférieurs, se divise encore en trois sortes de matiéres; assavoir, soulphre, sel & phlegme.

Tous lesdits quatre Elémens fondamentaux inférieurs matériels, entrent avec leurs qualitez & inclinations dans tous les composez avec subordination & en différentes mesures, ou degrez.

Des différentes mesures de leurs alliages naissent quatre natures fondamentales & premiéres inférieures de composez dénommez, de l'E-

premiere qu'avec effort & violence, & par son opacité engendrant les tenebres & le froid.

Voila donc quatre Elemens, ou Principes substantiels fondamentaux de quatre Natures differentes, deux ascendans & s'éloignans de leur origine, deux descendans, ou ne s'éloignans de leur origine qu'avec effort & violence, deux Agens & deux Patiens.

Chacun de ces quatre Elemens, ou Principes substantiels, se divise encore en trois sortes de substances; assavoir, soulphre, sel, & phlegme.

Tous lesdits quatre Elemens substantiels fondamentaux entrent avec leurs qualitez & inclinations dans tous les composez avec subordination, & en differentes mesures ou degrez.

Des différentes mesures de leurs alliages naissent quatre natures fondamentales & premieres des composez substantiels denommez de l'Element

pre-

l'Elément premier dominant en chacun.

Les pierres donc sont attribuées à la terre, parce que (quoi que les autres Elémens y entrent aussi avec subordination & en différens degrez, ce qui produit cette prodigieuse diversité de pierres matérielles) la terre est le premier Elément qui y domine.

Les Métaux sont attribuez à l'Eau par les mêmes raisons, & de la même maniére que nous venons de dire.

Les arbres, les herbes & les plantes, sont nommez aëriens, parce que l'air y est l'Elément premier dominant avec ses qualitez.

Les animaux sont nommez ignées, parce que le feu y est l'Elément premier dominant.

Chacune de ces quatre natures de composez se divise en quatre genres suivant les quatre degrez de l'Elément premier dominant.

Après l'Elément premier dominant,

premier, dominant en chacun.

Les pierres donc sont attribuées à la terre, parce que (quoi que les autres Elemens y entrent aussi avec subordination & en differens degrez, ce qui produit cette prodigieuse diversité de pierres substantielles) la terre est le premier Elément qui y domine.

Les Metaux sont attribuez à l'eau par les mêmes raisons, & de la même maniere que nous venons de dire.

Les arbres, les herbes & les plantes, sont nommez aëriens, parce que l'air y est l'Element premier dominant avec ses qualitez.

Les animaux sont nommez ignées, parce que le feu y est l'Element premier dominant.

Chacune de ces quatre Natures de composez se divise en quatre genres, suivant les quatre degrez de l'Element substantiel premier dominant.

Après l'Element premier dominant

F 4

vient

nant, vient l'Elément dominant
en second, qui se divise aussi en
quatre degrez comme le premier;
le troisiéme tient le même ordre,
& le quatriéme aussi.

De la diversité des alliages desdites natures élémentaires, inférieures & materielles, & de leurs
genres & de la diversité de leurs
degrez naît cette prodigieuse & innombrable multitude de composez
inférieurs, différens en matiéres,
en qualitez, en formes, en dimensions, en couleurs, en mouvemens, en fonctions, & tendans à
différentes fins.

Dieu donc faisant élever en l'air
inférieur, par la chaleur, les parties
les plus subtiles de la matiére a-
queuse, nommées vapeurs, & les
impregnant, pour ainsi dire, des
sels séminaires de l'esprit universel
formé le jour précédent, les répandit comme une féconde rosée sémi-
naire sur la terre qui en enfanta
toutes sortes d'arbres fruitiers por-

tans

vient l'Elément dominant en second, qui se divise aussi en quatre degrez comme le premier; le troisiéme tient le même ordre, & le quatrieme aussi.

De la diversité des alliages desdites natures élementaires, inferieures & substantielles, & de leurs genres, & de la diversité de leurs degrez, naît cette prodigieuse & innombrable multitude de composez differens en substances, en qualitez, en formes, en dimensions, en couleurs, en mouvemens, en fonctions, & tendans à diverses fins.

Dieu donc faisant élever en l'air, par la chaleur, les parties les plus subtiles de la substance aqueuse, nommées vapeurs, & les impregnant, pour ainsi dire, des sels seminaires de l'esprit universel formé le jour precedent, les répandit comme une feconde rosée seminaire sur la terre qui en enfanta toutes sortes d'arbres fruitiers portans semence en eux-même,

F 5

tans semence en eux-même , & communiquans le même pouvoir à leurs productions à l'infini , & toutes sortes de bonnes herbes & de bonnes plantes portans semence en elles-mêmes comme les arbres.

Dieu tint le même ordre dans la division des Eaux supérieures : Il divisa , dis-je , la matiére supérieure qu'il avoit tirée de l'inférieure en deux natures différentes de matiére supérieure ; savoir, l'aqueuse & la terrestre , tirant cette derniére de la premiére.

Dieu divisa aussi la nature aqueuse , supérieure & matérielle en deux natures aqueuses différentes , de l'une froide , humide , amére , salée , fluide & attachée à son origine , il en forma un vaste assemblage pour renfermer tous les Cieux & toutes les Terres dans sa circonférence.

De l'Autre nature aqueuse , chaude , humide fort mobile & legere , ou s'éloignant de son origine brute

&

& communiquant le même pouvoir.
à leurs productions à l'infini, &
toutes sortes de bonnes herbes & de
bonnes plantes portant semence en
elles-mêmes comme les arbres.

Dieu tint le même ordre dans la
division des Eaux supérieures ; il
divisa, dis-je, la substance superieure qu'il avoit tirée de l'inferieure en deux natures differentes
de substances superieures ; assavoir,
l'aqueuse & la terrestre, tirant
cette derniere de la premiere.

Dieu divisa aussi la nature aqueuse superieure & substantielle en deux
natures aqueuses differentes, de
l'une froide, humide, amére, salée, fluide & attachée à son origine ; il en forma un vaste assemblage pour renfermer tous les Cieux &
toutes les terres dans sa circonfe-
rence.

De l'autre nature aqueuse, chaude, humide fort mobile & legere,
s'éloignant de son origine brute &

sans

& informe , Dieu en forma une vaste étenduë nommée l'air supérieur pour servir d'envelope à la terre & à l'Eau supérieure , & de voiturier universel de toutes les parties subtiles , aqueuses , matérielles , nommées vapeurs , & de toutes les parties terrestres , nommées exhalaisons , pour les transporter d'une Région à l'autre.

Dieu divisa aussi la nature terrestre supérieure & matérielle tirée de l'aqueuse en deux natures différentes; assavoir, lignée & combustibles , ou inflammable , qui s'éloigne toûjours de son origine avec plus d'activité que l'aërienne, étant chaude & séche , & la mére de la Lumiére & de la Chaleur.

L'autre nature terrestre & supérieure est proprement nommée terre, étant de nature froide , séche & pesante; c'est à dire , ne pouvant s'éloigner de son origine qu'avec effort & violence , étant mére des ténébres & du froid.

Voila

sans forme, Dieu en forma une vaste étenduë nommée l'air superieur, pour servir d'envelope à la terre & à l'eau superieure, & de voiturier universel de toute les parties subtiles, aqueuses substantielles, nommées vapeurs, & de toutes les parties terrestres, nommées exhalaisons, pour les transporter d'une region à l'autre.

Dieu divisa aussi la Nature terrestre, superieure & substantielle, tirée de l'aqueuse en deux natures differentes; assavoir, lignée & combustible, ou inflammable, qui s'éloigne toûjours de son origine avec plus d'activité que l'aërienne, étant chaude & seche, & la Mere de la Lumiere & de la Chaleur.

L'autre Nature terrestre retient proprement le nom de terre de sa nature, froide, seche & pesante, ou ne s'éloignant de son origine qu'avec effort & violence, & par son opacité engendrant les tenebres & le froid.

Voila

Voila donc quatre Elemens fondamentaux supérieurs matériels de
quatre natures différentes, deux
ne s'éloignans de leur origine qu'a-
vec effort & violence, & deux qui
s'en éloignant avec différens degrez
d'activité, deux Agens & deux
Patiens.

Chacun de ces quatre Elémens,
ou Principes matériels supérieurs,
se divise encore en trois sortes de
matiéres; assavoir, soulphre, sel
& flegme.

Tous lesdits quatre Elémens fondamentaux, matériels, supérieurs,
entrent avec leurs qualitez & inclinations dans tous les composez supérieurs, avec subordination, &
en différentes mesures, ou degrez.

Des différentes mesures de leurs
alliages naissent quatre natures fondamentales, supérieures & premiéres, des composez supérieurs dénommez de l'Elément premier dominant en chacun.

Les pierres donc supérieures sont
attri-

Voila donc quatre Elemens fon-
damentaux , superieurs , substan-
tiels , de quatre natures differen-
tes , deux ne s'éloignant de leur o-
rigine qu'avec effort & violence ,
& deux qui s'en éloignent avec dif-
ferens degrez d'activité , deux A-
gens & deux Patiens.

Chacun de ces quatre Elemens ,
ou principes substantiels superieurs,
se divise encore en trois sortes de
substances ; assavoir , soulphre , sel ,
& flegme.

Tous lesdits quatre Elemens fon-
damentaux , substantiels superieurs ,
entrent avec leurs qualitez & in-
clinations dans tous les composez
superieurs avec subordination & en
differentes mesures ou degrez.

Des differentes mesures de leurs
alliages naissent quatre natures
fondamentales , superieures & pre-
mieres de composez superieurs dé-
nommez de l'Elément premier do-
minant en chacun.

Les pierres donc supérieures sont
attri-

attribuées à la terre , parce que (quoi que les autres Elémens y entrent aussi avec subordination & en différens degrez , ce qui produit cette prodigieuse diversité de pierres supérieures & matérielles) la terre est le premier élément qui y domine.

Les métaux sont attribuez à l'eau par les mêmes raisons , & de la même maniére que nous venons de dire.

Les arbres, les herbes & les plantes , sont nommez aëriens , parce que l'air supérieur y est l'Elément premier dominant avec ses qualitez.

Les animaux sont nommez ignées parce que le feu y est l'Elément premier dominant.

Chacune de ces quatre natures de composez se divise en quatre genres suivant les quatre degrez de l'Elément premier dominant.

Après l'Elément premier dominant , vient l'Elément dominant en

se-

attribuées à la terre, parce que (quoi que les autres Elémens y entrent aussi avec subordination & en différens degrez, ce qui produit cette prodigieuse diversité de pierres supérieures & substantielles) la terre est le premier Elément qui y domine.

Les métaux sont attribuez à l'eau par les mêmes raisons & de la même maniére que nous venons de dire.

Les arbres, les herbes, & les plantes, sont nommez aëriens, parce que l'air supérieur y est l'Elément premier dominant avec ses qualitez.

Les animaux sont nommez ignées, parce que le feu y est l'Elément premier dominant.

Chacune de ces quatre natures de composez se divise en quatre genres, suivant les quatre degrez de l'Elément premier dominant.

Après l'Elément premier dominant, vient l'Elément dominant

G

en

second qui se divise aussi en quatre degrez comme le premier ; le troisiéme tient le même ordre & le quatriéme aussi.

De la diversité des alliages desdites natures élémentaires supérieures matérielles & de leurs genres , & de la diversité de leurs degrez , naît cette prodigieuse & innombrable multitude de composez supérieurs , différens en matiéres , en qualitez , en formes , en dimensions , en couleurs , en mouvemens , en fonctions , & tendans à différentes fins.

Dieu donc faisant élever en l'air superieur , par la chaleur les parties aqueuses les plus subtiles nommées vapeurs , & les impregnant pour ainsi dire des sels seminaires superieurs de l'esprit universel formé le jour précedent , les répandit comme une feconde rosée seminaire sur la terre superieure matérielle , qui en enfanta toutes sortes d'arbres fruitiers portans semence

en second, qui se divise aussi en
quatre degrez comme le premier,
le troisiéme tient le même ordre,
& le quatriéme aussi.

De la diversité des alliages desdites natures Elémentaires supérieures, substantielles & de leurs
genres, & de la diversité de leurs
degrez, naît cette prodigieuse & innombrable multitude de composez
supérieurs différens en substances,
en qualitez, en formes, en dimensions, en couleurs, en mouvemens,
en fonctions, & tendans à différentes fins.

Dieu donc faisant élever en l'air
supérieur, par la chaleur, les parties aqueuses les plus subtiles nommées vapeurs, & les imprégnans
pour ainsi dire des sels séminaires
supérieurs de l'esprit universel formé le jour précédent, les répandit
comme une féconde rosée seminaire
sur la terre supérieure substantielle
qui en enfanta toutes sortes d'arbres fruitiers portant semence en

 eux-

mence en eux-mêmes & communiquans le même pouvoir a leurs
productions à l'infini , & toutes fortes de bonnes herbes & de bonnes
plantes portans semence en elles-
mêmes comme les arbres.

Après quoi Dieu contempla &
jugea que cela étoit bon.

Le quatriéme Jour.

DAns la quatriéme Epoque terrestre d'action , les matiéres
inférieures , supérieures & moyennes , où médiantes , s'étant fort
multipliées par la multitude & par
la fécondité des germes de création , & étans mieux digérées &
préparées , tant par la chaleur animante & vivifiante de la nature
lumineuse mise à part dans la premiére Epoque , que par le dissolvant que Dieu avoit mis dans l'esprit universel nommé Cieux ; Dieu
divisa sa matiére supérieure & inférieure

eux-mêmes, & communiquans le même pouvoir à leurs productions à l'infini, & toutes sortes de bonnes herbes & de bonnes plantes portant semence en elles-mêmes comme les arbres.

Après quoi Dieu contempla & jugea que cela étoit bon.

Le quatriéme Jour.

DAns la quatriéme Epoque terrestre d'action, les substances inférieures, supérieures & moyennes ou médiantes, s'étant fort multipliées par la multitude & par la fécondité des germes de génération, & étant mieux préparées, tant par la chaleur animante & vivifiante de la nature lumineuse mise à part dans la premiére Epoque, que par le dissolvant que Dieu avoit mis dans l'Esprit universel nommé Cieux, Dieu divisa sa substance supérieure & inférieure, chacune

G 3

en

férieure chacune en quatre parties générales. Nous commencerons par la division de la matiére supérieure.

Dieu, dis-je, distingua toute sa matiére supérieure, tant l'aqueuse, & la terrestre, que l'aërienne & lignée, en quatre grandes parties, chacune ayant son germe de création, d'édification, & de conservation distinct & séparé des autres.

Dieu donna à chacune de ces quatre grandes parties pouvoir de tirer du néant de nouvelle matiére semblable à elle-même, de la préparer, digérer, édifier, gouverner, conduire & travailler à la perfection de leur être, & établit entre les quatre parties susdites, chacune composée de sa nature aqueuse, terrestre, aërienne & ignée, convenable à la fin que l'Auteur de son être lui avoit prédestinée.

Dieu, dis-je, établit un commerce

en quatre parties générales. Nous
commencerons par la division de la
substance supérieure.

Dieu, dis-je, distingua toute
sa Substance superieure, tant l'a-
queuse, & la terrestre, que l'aërienne & ignée, en quatre grandes parties, chacune ayant son germe ou principe de génération, d'é-
dification & de conservation, distinct & séparé des autres.

Dieu donna à chacune de ces quatre grandes parties pouvoir de tirer
du néant de nouvelles substances
semblables à elles-mêmes, de les
préparer, digérer, édifier, gouverner & conduire, & de travailler à la perfection de leur être, &
établit entre les quatre parties susdites, chacune composée de sa nature aqueuse, terrestre, aërienne
& ignée, convenable à la fin que
l'Auteur de son être lui avoit prédestinée.

Dieu, dis-je, établit un commerce

merce naturel & réciproque de leurs productions, & une circulation perpétuelle de leurs émanations pour la commune perfection & conservation de leur être matériel.

Dieu divisa aussi ces quatre grandes parties en d'autres de moindre étenduë qu'il distingua des quatre grandes principales, & mit entr'elles des distances plus ou moins grandes, remplies de la nature aqueuse, froide, humide, &c. & supérieure, dont nous avons parlé : Dieu donna encore puissance à chacune desdites parties de matiére, de tirer du néant des nouvelles matiéres, de les préparer, digérer & conduire pour arriver à la perfection d'un corps parfait en sa nature, connu des habitans de ce Globe terrestre, sous le nom d'Etoiles fixes, dont le nombre qui nous est inconnu est divisé en soixante assemblages désignez par le terme de constellations.

Entre

merce naturel & réciproque de leurs
generations, & une circulation perpétuelle de leurs émanations pour la
commune perfection & conservation
de leur être substantiel.

Dieu divisa aussi ces quatre grandes parties en d'autres de moindre
étenduë, qu'il distingua des quatre
grandes principales, & mit entr'elles des distances plus ou moins grandes, remplies de la nature aqueuse, froide, humide, &c. & superieure, dont nous avons parlé :
Dieu donna encore puissance à chacune desdites parties de substance de
tirer du neant des nouvelles substances, de les preparer, digérer &
conduire pour arriver à la perfection d'un Corps parfait en sa nature,
designé dans l'Ecriture Sainte par le
terme d'Etoile, dont le nombre qui
nous est inconnu est divisé en soixante
assemblages que nous désignerons par
le terme de constellations substantielles ; puis que c'est ainsi que l'on

nom-

Entre ces soixante assemblages, Dieu en choisit douze connus sous le nom de signes du Zodiaque, ou mansions du Soleil, & les distingua d'avec les autres d'une maniére plus particuliére pour avoir un commerce plus prochain avec les Planettes, & pour marquer les tems, les saisons & les années, ou révolutions.

Dieu donna à tous ces différens Corps, ou Orbes, nommez Etoiles fixes, différentes dimensions, différentes qualitez, différentes fonctions, & les prédestina à différentes fins.

Dieu tint le même ordre dans la construction du Globe ou de l'Orbe terrestre matériel que nous habitons, il le divisa comme le supérieur en quatre grandes parties générales, qu'il subdivisa en d'autres

de

nomme les assemblages materiels qui les reprèsentent.

Entre ces soixante assemblages, ou constellations, Dieu en choisit douze, que nous designerons par les termes de signes du Zodiaque, ou mansions du Soleil, par la raison susdite, & les distingua d'avec les autres d'une maniére plus particuliére pour avoir un commerce plus prochain avec les Planettes, & pour marquer les tems, les mois, les saisons & les années, ou révolutions.

Dieu donna à tous ces différens Corps, ou Orbes substantiels, que nous nommerons Etoiles fixes substantielles, différentes dimensions, différentes qualitez, différentes fonctions, & les prédestina à differentes fins.

Dieu tint le même ordre dans la construction de l'Orbe, ou Globe terrestre substantiel : il le divisa comme le superieur en quatre grandes parties generales qu'il subdivisa en d'autres de moindre étenduë,

que

de moindre étenduë connuës sous
le nom d'Isles & Islots distinguées
des quatre grands Continens , &
séparées les unes des autres par des
espaces plus ou moins grands , remplis par la nature aqueuse , froide ,
humide , &c. & inférieure , dont
nous avons parlé , & d'où elles ont
été tirées.

Dieu donna aussi à chacune de
ces quatre portions de matiére la
puissance de tirer du néant de nouvelle matiére de la préparer , digérer , édifier & conduire , pour arriver à la perfection que son Auteur lui avoit prédestinée.

Enfin , Dieu donna à toutes ces
différentes parties de matiére nommées Isles , différentes dimensions ,
différentes qualitez , différentes
fonctions , & les destina à différentes fins.

Dieu tira aussi des matiéres supérieures & inférieures les mieux
préparées , sept élémens ou prin-
cipés

que l'Ecriture Sainte nomme Isles distinguées des quatre grands continens & separées les unes des autres par des espaces plus ou moins grands, remplis par la nature aqueuse, froide & humide, &c. substantielle & inferieure, dont nous avons parlé & d'où elles ont été tirées.

Dieu donna aussi à chacune de ces quatre portions de substance la puissance de tirer du neant de nouvelle substance, de la préparer, digerer, édifier & conduire pour arriver à la perfection que l'Auteur de son étre lui avoit predestinée.

Enfin, Dieu donna à toutes ces différentes parties de substance nommées Isles, differentes dimensions, differentes qualitez, differentes fonctions, & les destina à differentes fins.

Dieu tira aussi des substances superieures & inferieures les mieux preparées, sept Elemens ou Principes

cipes matériels de sept natures différentes , & de l'alliage desdites
matiéres : Il forma sept Corps connus sous le nom de Planettes , ou
Etoiles errantes , qu'il plaça chacun dans un Ciel , ou étenduë de
matiére subtile , revêtuë des qualitez convenables , tant pour préparer , digérer , édifier , perfectionner , conserver , nourrir & entretenir l'Orbe seul ou accompagné
qu'il mettoit dans son sein , que
pour transférer ses influences aux
autres Orbes & recevoir les leurs
pour en entretenir une circulation
continuelle, pour l'édification, perfection & conservation de tous les
êtres matériels.

Dieu accompagna quelques-uns
de ces Orbes principaux, connus
sous le nom de Planettes, d'autres
Orbes inférieurs connus sous le nom
de Satellites , & les mit tous en
mouvemens différens les uns des
autres, & en différente mesure d'activité.

Les-

cipes substantiels de sept natures
differentes, & de l'alliage desdites
substances, il forma sept Corps que
nous apellerons Planettes substantielles qu'il plaça chacune dans son
Ciel, ou Esprit substantiel, univer-
sal, ou étenduë de substance subtile
revétuë des qualitez convenables,
tant pour preparer, digerer, édifier, perfectionner, conserver,
nourrir, & entretenir l'Orbe, ou
le corps qu'il mettoit seul, ou accompagné dans son sein, que pour
transferer ses influences aux autres
Orbes, & recevoir les leurs pour
en entretenir une circulation continuelle, pour l'édification & conservation de tous les êtres substantiels.

Dieu accompagna quelques-uns
de ces Orbes principaux que nous
avons nommez Planettes, d'autres
Orbes inferieurs, que nous apellerons Satellites, & les mit tous en
mouvemens, differens les uns des
autres & en differente mesure d'activité.

Les-

Lesdits sept Orbes principaux se trouvans situez entre les deux portions de matiére confuse, brute & sans forme, que Dieu avoit séparée dans la deuxiéme Epoque d'action, reçoivent les productions inférieures qui s'éloignent de leur origine première, & tendent à la perfection de leur être, & qui passant par lesdits Orbes Médiateurs, y sont revêtuës de qualitez plus parfaites que celles de leur origine première.

Lesdits sept Orbes recevans aussi les émanations ou influences des matiéres supérieures envers les inférieures, les préparent & digérent & les communiquent aux inférieures revêtuës des qualitez convenables à contribuer à leur perfection & conservation.

Lesdits Orbes Médiateurs recevans les émanations ou générations inférieures & supérieures, & y mêlans leurs générations propres, font un alliage des différentes natures

Lesdits sept Orbes principaux se
trouvant situez entre les deux parties de substance confuse, brute &
sans forme, que Dieu avoit séparée dans la seconde Epoque d'action,
reçoivent les productions inferieures qui s'éloignent de leur origine
premiere, & tendent à la perfection de leur être, & qui passant
par lesdits Orbes Mediateurs y sont
revêtuës de qualitez plus parfaites
que celles de leur origine premiere.

Lesdits sept Orbes recevant aussi les émanations ou influences des
substances superieures envers les inferieures, les preparent, dige-
rent & les communiquent aux inferieures revêtuës des qualitez convenables à contribuër à leur perfection & conservation.

Lesdits Orbes Mediateurs recevant les émanations ou generations
inferieures & superieures, & y mêlans leurs generations propres, font
un alliage des differentes natures de

H

sub-

tures de matiéres, qui par une circulation continuelle engendrent un
commerce naturel universel entre
tous les composez matériels renfermez dans une même Sphére, que
nous commencerons à nommer universelle & fondamentale : premiérement, parce qu'elle en doit contenir & en contient effectivement
un très grand nombre d'autres : en
second lieu, parce que de celle-ci
en sont sorties huit autres semblables en construction, mais incomparablement plus excellentes, comme nous le ferons voir dans la suite, moyennant le secours de la Grace Divine.

Enfin, toutes lesdites générations
matérielles aquiérent, par leurs
circulations continuelles, les degrez de perfection & l'excellence
des vertus que leur Auteur leur a
prédestinez en les tirant du premier
néant par la création, pour donner à son Ouvrage matériel le souverain degré de perfection.

En-

substances, qui par une circulation continuelle, engendrent un commerce naturel universel entre tous
les composez substantiels renfermez
dans une même Sphere, que nous commencerons à nommer universelle &
fondamentale : premierement, parce
qu'elle en doit contenir & en contient effectivement un très grand
nombre d'autres ; en second lieu,
parce que de celle-ci en sont sorties
huit autres semblables en construction ; mais incomparablement plus
excellentes, comme nous le ferons
voir dans la suite, moyennant le secours de la Grace Divine.

Enfin, toutes lesdites générations substantielles aquiérent, par
leurs circulations continuelles, les
degrez de perfection, & l'excellence des vertus que leur Auteur leur
a prédestinez en tirant lesdites substances du premier néant pour donner à son Ouvrage substantiel le souverain degré de perfection.

H 2

En

Entre les sept Orbes nommez Planettes, Dieu en distingua deux plus particuliérement que les autres, l'un connu sous le nom de Soleil, l'autre connu sous le nom de la Lune, & voulut que ce premier fut le flambeau universel de toute la nature, matérielle & visible, pour en éclairer, échaufer, vivifier & animer tous les membres, les édifier, perfectionner & conserver ; mais parce que les matiéres premiére & seconde non encore digérées & préparées, mais fixes & opaques, & retenant encore leur nature originelle, ne pouvoient recevoir la lumiére avec ses qualitez que successivement sur la moitié de chaque Orbe.

Dieu établit l'Orbe ou le Globe nommé la Lune, pour donner de la lumiére à l'autre moitié de l'Orbe que le Soleil n'éclaireroit pas.

Cette lumiére qui n'est point pro-

Entre les sept Orbes que nous a-
vons nommez Planettes, Dieu en
distingua deux plus particulierement
que les autres ; l'un nommé dans l'E-
criture Sainte le Soleil de Justice qui
porte santé en ses aîles, c'est à dire,
dont le gouvernement est salutaire ;
l'autre la Lune, & voulut que ce
premier fût le flambeau universel de
toute la nature substantielle & invisible, pour en éclairer, échauffer,
vivifier & animer tous les membres,
les édifier, perfectionner & conserver ; mais parce que les substances
premieres & secondes non encore digérées & preparées, mais fixes &
opaques, & retenant encore leur nature originelle, ne pouvoient recevoir
la lumiere avec ses qualitez que successivement sur la moitié de chaque
Orbe.

Dieu établit l'Orbe, ou le Globe
nommé la Lune, pour donner de la
lumiere à l'autre moitié de l'Orbe que
le Soleil n'éclaireroit pas.

Cette lumiere qui n'est point pro-
H 3

cedante

procédante de l'Orbe même de la Lune, & qu'il ne communique que par réfléxion, varie continuellement & nous fait paroître la Lune toûjours inégale à nos yeux, quoi qu'en effet elle soit toûjours la même, outre qu'elle sert en l'absence du Soleil à diminuer les ténébres de même que les autres Etoiles; elle sert encore à tempérer, par sa froideur, les ardeurs violentes excitées par la déréglée réception des rayons du Soleil, & par la mauvaise disposition des matiéres qui les reçoivent.

Quoi que les productions ou influences des autres Planettes soient moins sensibles que celles du Soleil & de la Lune, elles ne sont pas moins réelles & effectives, & n'entrent pas moins avec leurs qualitez en différens degrez & mesures dans tous les composez parfaits & imparfaits.

Enfin, Dieu contempla son Ouvrage de la quatriéme Epoque, & jugea qu'il étoit bon.   *Le*

cedante de l'Orbe même de la Lune,
& qu'il ne communique que par re-
flexion, varie continuellement & nous
fait paroître la Lune toûjours inégale à nos yeux ; quoi qu'en effet elle
foit toûjours la même, outre qu'elle
fert en l'abfence du Soleil à diminuer
les tenebres, de même que les autres
Orbes que nous avons nommez Etoiles fixes, elle fert encore à temperer,
par fa froideur, les ardeurs violentes
excitées par la dereglée reception des
rayons du Soleil, & par la mauvai-
fe difpofition des fubftances qui les reçoivent.

Quoi que les émanations ou influences des autres Orbes que nous avons
nommez Planettes, foient moins fen-
fibles que celles du Soleil & de la Lune, elles ne font pas moins réelles &
effectives, & n'entrent pas moins
avec leurs qualitez en differens degrez dans tous les compofez parfaits
& imparfaits.

Enfin, Dieu contempla fon Ouvrage de la quatriéme Epoque & jugea qu'il étoit bon.　　H 4　　　Le

Le cinquiéme Jour.

DAns la cinquiéme Epoque terreftre d'action , les matiéres é-
tant toûjours plus abondantes , tant
par la multitude des germes de création , ou des principes revêtus de la
puiffance de tirer de nouvelle matiére du néant, que par leur fécondité , & toutes les matiéres fe trouvant
toûjours mieux digérées & préparées par la chaleur animante & vivifiante de la lumiére , & par la fer-
mentation & circulation de toutes
les influences céleftes & matérielles.

Dieu répandit dans toutes les natures aqueufes , fupérieures , inférieures & moyennes , foit dans les
froides & humides proprement
nommées eaux , foit dans les chaudes & humides proprement nommées airs , il y répandit , dis-je ,
les germes ou principes d'une multitude innombrable de corps matériels

Le cinquiéme Jour.

Dans la cinquiéme Epoque terres-tre d'action les substances étant toûjours plus abondantes, tant par la multitude des germes de creation, ou des principes revêtus de la puis-sance de tirer de nouvelles substances du neant que par leur fecondité, & toutes ces substances se trouvant toûjours mieux digerées & preparées par la chaleur animante & vivifian-te de la lumiere, & par la fermen-tation & circulation de toutes les in-fluences celestes & substantielles.

Dieu répandit dans toutes les natu-res aqueuses, superieures, inferieu-res & moyennes, soit dans les froides & humides, proprement nommées eaux, soit dans les chaudes & humi-des proprement nommées airs, il y répandit, dis-je, les germes, ou principes d'une multitude innombra-ble de Corps substantiels animez, d'u-ne

tériels, animez d'une merveilleuse & admirable variété en leurs matiéres, en leurs qualitez ; en leurs formes, en leurs grandeurs, en proportions de leurs parties, en température d'humeurs, en leurs mouvemens, en leurs inclinations, en sensations, en fécondité, en force, en vertus, en vitesse, en recherche d'alimens différens, en leurs générations, & en leur durée, ayant tous en eux-mêmes un apétit naturel de conservation & un principe de propagation de leur être, & une mesure de connoissance convenable à discerner l'utile à cela d'avec son contraire.

Dieu leur donna aussi à chacun une mesure de moyens pour éviter l'un & aquérir l'autre, & une mesure d'intelligence pour les conduire & discerner les tems, les lieux & les saisons propres à éxercer les différentes fonctions que leur Créateur leur avoit imposées ; tous ces corps animez aquatiques sont distin-

ne merveilleuse & admirable variété
en leurs substances , en leurs qualitez , en leurs formes , en leurs dimensions , en proportions de leurs parties,
en température d'humeurs , en leurs
mouvemens , en leurs inclinations , en
sensations , en fécondité , en force , en
vertus , en agilité , en recherche d'a-
limens differens , en leurs generations
& en leur durée , ayant tous en eux-
mêmes un apetit naturel de conservation , & un principe de propagation de
leur être , & une mesure de connoissance convenable à discerner l'utile à
cela d'avec son contraire.

Dieu leur donna aussi à chacun une
mesure de moyens pour éviter l'un &
aquerir l'autre , & une mesure d'intelligence pour les gouverner & conduire , & discerner les tems , les lieux
& les saisons propres à éxercer les
differentes fonctions que leur Créateur
leur avoit imposées : Tous ces Corps
substantiels animez aquatiques , sont
distin-

diftinguez en quatre claffes & dé-
fignez par les termes de poiffons,
oifeaux, reptiles & volatiles.

Après quoi Dieu contempla cet
Ouvrage, & jugea qu'il étoit bon.

Le fixiéme Jour.

DAns la fixiéme Epoque terreftre d'action, les matiéres fe
trouvant toûjours non feulement
plus abondantes, mais auffi plus a-
prochantes de leur perfection par
les raifons dites ci-devant. Dieu répandit dans toutes les natures ter-
reftres & féches, tant fupérieures,
qu'inférieures & moyennes, d'autres
germes ou principes différens des
premiers, & divifez en mafculins
& féminins, d'où fortirent une
multitude merveilleufe & une admirable diverfité d'animaux terref-
tres, diftinguez en fauvages, &
privez, envers lefquels Dieu en
ufa comme envers les précédens
en

distinguez en quatre Classes , & designez par les termes de poissons , oiseaux , reptiles & volatiles.

Après quoi Dieu contempla cet Ouvrage , & jugea qu'il étoit bon.

Le sixiéme Jour.

DAns la sixiéme Epoque terrestre d'action , les substances se trouvant toûjours non seulement plus abondantes , mais aussi plus aprochantes de leur perfection par les raisons dites ci-devant. Dieu répandit dans toutes les natures substantielles , terrestres & séches , tant supérieures , qu'inferieures & moyennes , d'autres germes ou principes differens des premiers , & divisez en masculins & feminins , d'où sortirent une multitude merveilleuse , & une admirable diversité d'animaux terrestres distinguez en sauvages & privez , envers lesquels Dieu en usa comme envers les precedens en la distribution de ses dons.

Enfin, Dieu voulant terminer la sixiéme Epoque terrestre d'action, par le plus parfait & par le plus excellent de tous les Ouvrages animez & sensitifs qu'il avoit formez dans ce globe inférieur, dans lequel seul Ouvrage vouloit renfermer & réünir d'une maniére plus excellente, tout ce qu'il avoit répandu dans tous les autres en différentes mesures à chacun.

Dieu, dis-je, prit une portion de la plus affinée, plus épurée & plus douce matiére tirée des quatre natures élémentaires susmentionnées, qu'il disposa dans l'édification dudit Corps avec subordination, & chacune en différent degré ou mesure, avec un merveilleux & admirable artifice & de l'alliage de différens caracteres, en forma un composé individu parfait du degré de perfection, convenable & accordant avec la mesure de perfection dont ce Globe terrestre est doué

pour

cedens en la distribution de ses dons.

Enfin, Dieu voulant terminer la sixiéme Epoque terrestre d'action, par le plus parfait & le plus excellent de tous les Ouvrages animez & sensitifs qu'il avoit formé dans ce Globe substantiel inferieur, dans lequel seul Ouvrage il vouloit renfermer & reünir d'une maniere plus excellente tout ce qu'il avoit répandu dans tous les autres en differentes mesures à chacun.

Dieu, dis-je, prit une portion de la plus affinée, plus épurée & plus douce substance tirée des quatre natures Elémentaires susmentionnées qu'il disposa dans l'édification dudit Corps avec subordination, & chacune en different degré ou mesure, avec un merveilleux & admirable artifice, & en forma l'alliage de differens caracteres, un composé individu parfait, du degré de perfection convenable & accordant avec la mesure de perfection dont ce Globe terrestre est doué,

pour

pour contenir & soûtenir les générations qui lui sont propres , il le
distingua de tous les autres individus animez que nous désignerons
par les termes d'animaux brutes ou
imparfaits , & celui-ci par les termes d'animal doux & raisonnable,
parfait, comme nous venons de dire,
du degré de perfection convenable
à la nature animale & terrestre de ce
Globe terrestre, qu'il devoit habiter & remplir de son espéce.

Dieu donc établit ce dernier Ouvrage matériel formé de sa main &
animé ; il l'établit , dis-je , sur
tous les autres formez précédemment dans ce globe terrestre matériel , & fit venir tous ceux qui é-
toient animez en sa présence , afin
que lui-même , & non pas d'autres,
leur imposa des noms pour les distinguer les uns des autres & les caractériser.   Dieu mit d'autre part
dans tous les autres Corps matériels
animez un esprit de crainte & de soûmission

pour contenir & soûtenir les generations qui lui sont propres , il le
distingua de tous les autres individus animez que nous désignerons par
les termes d'animaux brutes ou imparfaits , & celui-ci par les termes
d'animal doux & raisonnable parfait , comme nous venons de dire,
du degré de perfection , convenable à
la nature animale & terrestre de ce
Globe terrestre substantiel qu'il devoit habiter & remplir de son espéce.

Dieu donc établit ce dernier Ouvrage substantiel , formé de sa main
& animé par son Esprit , il l'établit , dis-je , sur tous les autres formez précédemment dans ce Globe
terrestre substantiel , & fit venir
tous ceux qui étoient animez en sa
présence, afin que lui-même , & non
pas d'autres , leur imposa des noms
pour les distinguer les uns des autres , & les caractériser. Dieu
mit , d'autre part , dans tous les
autres Corps substantiels animez ,

I

un

miſſion en la préſence de ce Corps
humain matériel nommé Adam ;
c'eſt à dire, terreſtre & Rouſſeau,
qui les portoit à le regarder comme celui qui repréſentoit Dieu même, & comme le domicile de ſon
Eſprit à qui ils devoient obéïſſance,
qu'ils lui rendoient volontairement
pendant ſon état d'innocence &
l'accompliſſement de ſes devoirs
envers ſon Créateur.

Dieu qui avoit doué ce premier
Corps humain matériel d'une parfaite proportion entre l'arrangement & les dimenſions de ſes parties, qui avoit établi une parfaite
température dans toutes ſes humeurs, d'où provenoient ſix ſenſations excellentes & univerſelles
materielles ; aſſavoir, celle de l'attouchement, celle du goût, celle
de l'odorat, celle de l'ouïe, celle
de la vûë, & la judiciaire, ou le
jugement matériel, ou des matiéres, & mis en lui un germe épuré

de

un esprit de crainte & de soûmission en la presence de ce Corps humain substantiel nommé Adam ; c'est à dire, terrestre & Rousseau, qui les portait à le regarder comme celui qui representoit Dieu même, & comme le domicile ou Temple de son Esprit à qui ils devoient obeïssance, qu'ils lui rendoient volontairement pendant son état d'innocence & l'accomplissement de ses devoirs envers son Créateur.

Dieu qui avait doné ce premier Corps humain substantiel d'une parfaite proportion entre l'arrangement & les dimensions de ses parties qui avoit établi une parfaite temperature dans toutes ses humeurs, d'où provenoient six sensations excellentes & universelles substantielles, assavoir, celle de l'attouchement, celle du goût, celle de l'odorat, celle de l'ouïe, celle de la vûe & la judiciaire, ou le jugement substantiel, ou des substances, & mis en lui un germe épuré de la

con-

de la connoissance que nous désignerons par les termes d'édifiante
active & passive, pour la distinguer de toutes les autres connoissances qui ne servent pas plus à é-
difier ou conserver un Corps matériel, qu'un amas de terre, de
sable, de bois, & autres matiéres
entassées, soit confusément, soit
avec ordre autour de lui, & qui
ne le rendent ni meilleur, ni plus
sain.

Dieu, dis-je, mit en lui un germe épuré de ladite connoissance é-
difiante universelle de toutes choses bonnes, qui se seroit dévelopé
sans peine & sans travail jusqu'au
souverain degré de sa perfection,
s'il n'avoit pas été corrompu comme nous dirons en son lieu.

Dieu ne voulant pas que ce Chef-
d'œuvre de ses mains demeurât
seul en son espéce, tira de lui-même, sur qui il avoit fait tomber un
profond sommeil, une côte dont
il forma ou édifia un individu féminin qu'il lui présenta à son réveil

connoiſſance que nous déſignerons par
les termes d'édifiante active & paſ-
ſive , pour la diſtinguer de toutes
les autres connoiſſances qui ne ſer-
vent pas plus à édifier ou conſerver
un Corps ſubſtantiel , qu'un amas
de terre , de ſable , de bois & autres ſubſtances entaſſées , ſoit con-
fuſément , ſoit avec ordre , autour
de lui , & qui ne le rendent ni meilleur , ni plus ſain.

Dieu , dis-je , mit en lui un germe épuré de ladite connoiſſance édifiante univerſelle de toutes choſes
bonnes qui ſe ſeroit dévelopé ſans
peine & ſans travail juſqu'au ſou-
verain degré de ſa perfection , s'il
n'avoit pas été corrompu , comme
nous dirons en ſon lieu.

Dieu ne voulant pas que ce Chef-
d'œuvre de ſes mains demeurât ſeul
en ſon eſpéce , tira de lui-même , ſur
qui il avoit fait tomber un profond
ſommeil , une côte dont il forma ou
édifia un individu féminin , qu'il lui
preſenta à ſon réveil pour lui tenir

com-

veil pour lui tenir compagnie , &
lui aider à multiplier son espéce,
afin de tirer , par cette multiplication , des pierres vivantes & animées par la construction d'un autre édifice infiniment plus excellent , que nous désignerons par les
termes d'Univers politique & raisonnable , qui renferme tous les
êtres matériels animez & ayant vie
sensitive renfermez dans cette premiére Sphére universelle , matérielle , avec subordination judi-
cieuse & raisonnable des uns aux
autres , & dont tout ce que nous
avons dit sur la création , édification & conservation des matiéres,
est un emblême & le plan ou modèle sur lequel il doit être édifié,
gouverné & conservé ; tous les êtres
dont nous avons parlé , étant distinguez en Supérieurs , Inférieurs
moyens , ou Médiateurs , ou Tenant le milieu , & Collatéraux ,
ou Coégaux dans la subordination
politique universelle , & dans toutes

compagnie & lui aider à multiplier
son espéce, afin de tirer par cette
multiplication, des pierres vivantes & animées pour la construction
d'un autre édifice infiniment plus
excellent, que nous designerons par
les termes d'Univers politique &
raisonnable, qui renferme tous les
êtres substantiels animez & ayant
vie sensitive, renfermez dans cette premiére Sphére universelle substantielle, avec subordination judi-
cieuse & raisonnable des uns aux
autres, & dont tout ce que nous
avons dit sur la génération, édification, & conservation des substances, est le plan ou le modèle sur lequel il doit être édifié, gouverné &
conservé ; tous les êtres dont nous
avons parlé étans distinguez en Supérieurs, inférieurs & moyens, ou
Médiateurs, ou tenans le milieu,
& collatéraux, ou coégaux dans la
subordination politique universelle,
& dans toutes les autres qu'elle renferme.

I 4

Dieu

tes les autres qu'elle renferme.

Dieu donc mit dans le Corps humain matériel de l'un & de l'autre séxe un penchant naturel de l'un vers l'autre, avec le pouvoir de produire par leur union naturelle (c'est à dire par leur union faite selon l'ordre & les régles de la nature matérielle conduite par le Souverain) d'autres semblables à eux-mêmes ; & de transmettre le même penchant & le même pouvoir à leur postérité jusques au parfait accomplissement de toutes choses, auquel tems les êtres cesseront de multiplier.

Dieu donc voulut que le premier individu masculin s'unit avec l'individu féminin qu'il avoit tiré du masculin même, afin que de cette union il en sortît d'autres semblables en séxe à l'un des deux nommez Péres & Méres.

Dieu voulut aussi que ces derniers nommez les enfans des premiers eussent le pouvoir de devenir

nir

Dieu donc mit dans le Corps humain substantiel de l'un & de l'autre séxe, un penchant naturel de l'un vers l'autre, avec le pouvoir de produire par leur union naturelle (c'est à dire par leur union faite selon l'ordre & les régles de la nature substantielle conduite par le souverain Entendement) d'autres semblables à eux-mêmes, & de transmettre le même penchant & le même pouvoir à leur postérité jusques au parfait accomplissement de toutes choses, auquel tems les êtres cesseront de multiplier.

Dieu donc voulut que le premier individu masculin s'unît avec l'individu féminin qu'il avoit tiré du masculin même, afin que de cette union il en sortît d'autres semblables en séxe à l'un des deux nommez Pére & Mére.

Dieu voulut aussi que ces derniers nommez les enfans des premiers eussent le pouvoir de devenir

euxnir eux-mêmes Péres , & d'avoir eux-mêmes des enfans qui en produisissent d'autres jusqu'au parfait accomplissement de l'édifice que Dieu vouloit former avec les pierres matérielles animées & vivantes.

Pour cet effet, Dieu voulut que chaque Corps humain matériel représentant, étant arrivé en âge de perfection convenable à son séxe, quitât son Pére & sa Mére, & qu'un masculin s'unissant avec un féminin, formât une société conjugale, matérielle, représentante, dont chacune seroit le principe d'une autre société nommée économique, ou de famille, qui par leur multiplication formeroient des sociétez conditionnelles, des sociétez civiles, &c. comme nous avons déja dit ailleurs, toutes lesquelles seroient renfermées dans l'Univers politique, matériel, raisonnable, pacifique & parfaitement épuré de tout ce qui pourroit en altérer l'ordre,

eux-mêmes Péres, & d'avoir eux-mêmes des enfans qui en produisi-sent d'autres jusqu'au parfait ac-complissement de l'édifice que Dieu vouloit former avec ces pierres sub-stantielles animées & vivantes.

Pour cet effet Dieu voulut que chaque Corps humain substantiel représenté, étant arrivé en âge de perfection convenable à son séxe, quitât son Pére & sa Mére, & qu'un masculin s'unissant avec un féminin, formât une société conju-gale, substantielle, représentée, dont chacune seroit le principe d'u-ne autre société nommée économique ou de famille, qui par leur multi-plication formeroient des sociétez conditionnelles, des sociétez civi-les, &c. comme nous avons déja dit ailleurs, toutes lesquelles se-roient renfermées dans l'Univers politique, substantiel, raisonnable pacifique & parfaitement épuré de tout ce qui pourroit en altérer l'or-dre,

dre , la bonne température & la
conservation éternelle & fans fin ,
felon les régles que la bonne , droite & falutaire juftice y a établies.

Après quoi Dieu contempla fon
Ouvrage , & jugea que tout ce
qu'il avoit fait étoit fort bon & le
benit ; enfuite , il fe repofa , ou
fufpendit fon action pour confidé-
rer fes Ouvrages matériels: la durée de cette fufpenfion eft nommée
Sabat , ou repos , nous l'apellerons
auffi l'Epoque du repos.

dre, la bonne température & conservation éternelle & sans fin, selon les règles que la bonne, droite
& salutaire justice y a établies.

Après quoi Dieu contempla son
Ouvrage, & jugea que tout ce qu'il
avoit fait étoit fort bon & le bénit;
ensuite il se reposa, ou suspendit
son action pour considerer ses Ouvrages substantiels. La durée de cette
suspension est nommée Sabat, ou repos; nous l'apellerons aussi l'Epoque de repos.

ESSAIS
PHILOSOPHIQUES

Sur les Productions de la premiére Sphere matérielle.

Dieu ayant répandu son Esprit de fécondité sur toutes ses Oeuvres matérielles en différentes mesures, ne voulut pas que son premier Ouvrage matériel univer-fel, ou cette premiére Sphere matérielle que nous apellerons fonda-mentale, parce qu'elle est la premiére & la base qui soûtient les autres qui sont tirées d'elle, que nous nommerons aussi universelle, parce qu'elle en renferme plusieurs autres dans son sein. Dieu, dis-je, ne voulut pas que son premier Ou-vrage universel qu'il avoit tiré du

pre-

ESSAIS

THEOLOGIQUES

Sur les Productions de la premiére Sphére substantielle.

Dieu ayant répandu son esprit de
fécondité sur toutes ses œuvres
substantielles en differentes mesures,
ne voulut pas que son premier Ouvrage substantiel universel, ou cette premiére Sphére substantielle que
nous apellerons fondamentale, parce qu'elle est la premiére & la base
qui soûtient les autres qui sont tirées d'elle, que nous nommerons aussi universelle, parce qu'elle en renferme plusieurs autres dans son sein.
Dieu, dis-je, ne voulut pas que
son premier Ouvrage universel qu'il
avoit tiré du premier néant en six
Epo-

premier néant en six Epoques ter-
reftres, demeurât ftérile fans aucune production fimilaire ; au contraire il voulut que cette premiére
Sphére en produifit huit autres
pour rendre toutes fes Oeuvres matérielles très parfaites.

Pour cet effet, Dieu remplit cette premiére Sphére qu'il avoit destinée à être, pour ainfi dire, la
carriére univerfelle d'où il vouloit
tirer les pierres & les matériaux
néceffaires à la conftruction de fes
autres édifices, il la remplit, dis-
je, d'un efprit de fécondité qui
en tira une autre Sphére femblable
en fa conftruction, mais plus excellente en fa matiére, mieux digérée, préparée & revêtuë de plus
excellentes qualitez. Dieu, dis-
je, tira cette feconde Sphére de la
premiére pour lui fervir d'aide &
de compagne dans la génération,
édification, & confervation de
fept autres Sphéres franches & incorruptibles qu'il vouloit tirer des
deux

Epoques terrestres, demeurât ste-
rile, & sans aucune production simi-
laire ; au contraire il voulut que
cette premiére Sphére substantielle
en produisît huit autres pour rendre toutes ses œuvres substantielles
très parfaites.

Pour cet effet Dieu remplit cette premiere Sphere qu'il avoit destinée à être, pour ainsi dire, la car-
riere universelle, d'où il vouloit
tirer les pierres & les matériaux
substantiels necessaires à la construction de ses autres édifices ; il la remplit, dis-je, d'un esprit de fecondité qui en tira une autre Sphere
semblable en sa construction, mais
plus excellente en sa substance,
mieux digerée, preparée & revêtuë de plus excellentes qualitez ;
Dieu, dis-je, tira cette seconde
Sphere de la premiere, pour lui servir d'aide & de Compagne dans la
generation, édification, & conservation des sept autres Spheres franches,
& incorruptibles qu'il vouloit tirer

K

des

deux premiéres , & les placer entre les deux , de même, qu'il avoit
tiré en la seconde Epoque de la for-
mation de la premiére Sphére , les
eaux supérieures d'entre les inférieures , entre lesquelles il avoit mis
les Cieux & ensuite les sept Globes
principaux nommez Planettes.

Cette seconde Sphére ayant elle-
même toutes les vertus & les puissances que celle dont elle avoit été
tirée avoit reçuës , mais en plus
excellent degré de perfection , produisit hors d'elle-même abondance
de matiére bien préparée , féconde & incomparablement plus excellente que les premiéres.

De l'alliage des matiéres produites par le concours des deux Sphéres premiéres , Dieu forma & édiffia
sept autres Sphéres franches & incorruptibles , chacune en six Epoques solaires d'action , chaque sixiéme Epoque d'action étoit suivie

des deux premieres, & les placer entre les deux, de même qu'il avoit tiré en la seconde Epoque de l'édification de la premiere Sphere, les eaux superieures d'entre les inferieures, entre lesquelles il avoit mis les Cieux, & ensuite les sept Globes nommez Planettes substantiels representez par les sept Planettes matériels.

Cette seconde Sphere ayant elle-même toutes les vertus & les puissances que celle dont elle avoit été tirée avoit reçûës, mais en plus excellent degré de perfection, produisit hors d'elle-même abondance de substance bien préparée, feconde & incomparablement plus excellente que les premieres.

De l'alliage des substances produites par le concours des deux premieres Spheres, Dieu forma & édifia sept autres Spheres franches & incorruptibles, chacune en six Epoques solaires d'action ; chaque sixieme Epoque d'action étoit suivie d'une

Epo-

vie d'une Epoque de repos, qui
jointe aux six autres, fait le nombre de sept, qui étant multiplié
par sept, fait le nombre de quarante-neuf, après quoi vient l'E-
poque de perfection, représentée
mystérieusement par le grand Jubi-
lé des Juifs.

Alors toutes les matiéres seront
jugées en dernier ressort selon leurs
différentes natures & leurs différentes qualitez, & seront séparées
les unes des autres & distribuées aux
substances pour leur domicile éternel, suivant leurs bonnes ou mauvaises qualitez; elles seront, dis-
je, distribuées en nature & mesure
convenable à la nature & aux fonctions des substances qu'elles devront contenir, alors il n'y aura
plus d'erreur à craindre: en voyant
la maison l'on connoîtra qui est le
maître qui l'habite & qui la gouverne; de quelle nature est la substance qu'elle contient, ses qualitez
bonnes ou mauvaises, & ses dimensions.   Le

Epoque de repos, qui jointe aux
six autres, fait le nombre de sept,
qui étant multiplié par sept fait le
nombre de quarante-neuf; après quoi
vient l'Epoque de perfection représentée mysterieusement par le grand Ju-
bilé des Juifs.

Alors toutes les substances seront jugées en dernier ressort selon leurs differentes natures & leurs différentes qualitez, & étant separées elles seront ren-
duës à leurs veritables principes & à
leurs veritables auteurs, & chaque action à l'esprit qui l'aura faite pour en
recevoir le salaire qui lui est marqué;
alors tous les masques tomberont, les
fausses vertus seront separées d'avec
les veritables, les pensées, les idées,
les sentimens, les raisonnemens & les
jugemens, seront tous jugez par le
souverain Juge; qui les envoyera
chacun au lieu qui lui est preparé,
selon sa nature & selon le degré de
bon & de mauvais qu'il aura en soi-
même, & separé de tout ce qui lui
étoit étranger.   K 3   *Alors*

Le Corps humain matériel des-
tiné à ne loger que des substances élûës n'en contiendra plus de
réprouvées, & ne sera plus le domicile de tant de substances réprouvées qui se répandent sur les habitans de ce globe terrestre matériel,
la lie, le rebut, où les matiéres
réprouvées serviront de domicile
aux substances réprouvées qui seront éternellement séparées d'avec
celles des élûs qui jouïront d'une
éternelle félicité par la contemplation des maux qu'ils auront éprou-
vez, pour y arriver par l'assurance
qu'ils auront d'en être délivrez
éternellement, & par la jouïssance
du salaire accordé aux bonnes actions qu'ils auront faites durant les
Epoques d'action, par celui pour
qui elles auront été faites.

D'autre part les réprouvez seront plongez dans un malheur éternel à la vûë des biens perdus, par
le sentiment de leurs inexprimables
douleurs, & par l'assurance qu'ils

au-

Alors les substances reprouvées se-
ront separées d'avec les élûës ; & comme les substances élûës seront le domicile des esprits élus , de même les substances réprouvées seront le domicile des esprits reprouvez ; alors il n'y aura plus de mélange à craindre , les bons joüiront d'une felicité éternelle par la contemplation des maux qu'ils auront souffert pour y arriver , par l'assurance qu'ils au-
ront d'en être délivrez & garentis éternellement , & par la joüissance des fruits que leur sagesse aura pro-
duit durant les Epoques d'action.

D'autre part les reprouvez seront plongez dans un malheur éternel à la vûë des biens perdus , par le sentiment de leurs inexprimables douleurs , & par l'assurance qu'ils auront qu'el-

les

auront qu'elles ne devront jamais finir.

Nous croyons pouvoir dire en passant, que toutes les beautez, toutes les perfections & toute l'excellence que la Nature & l'Art humain ont répanduës sur les matiéres qui composent ce Globe terrestre, ou qui sont contenuës en lui & sur lui, ne sont tout au plus que les fæces, ou les lies les plus grossiéres, des beautez, des perfections & de l'excellence desdites Sphéres incorruptibles, & de ce qu'elles contiennent.

Nous ajoûterons enfin, que les Sphéres matérielles ci-dessus mentionnées, sont dans la même disposition entr'elles que les germes ou principes d'où elles ont été tirées, sont entr'eux.

Tout ce que nous avons dit sur la génération, édification & conservation de la nature matérielle, convient aussi à la nature de ses qualitez,

les ne devront jamais finir.

Nous croyons pouvoir dire en paſ-
ſant, que toutes les beautez, toutes les perfections & toute l'excellence que la ſageſſe humaine & le rai-
ſonnement humain de ce Globe terreſtre ont répanduës ſur les ſubſtances
qui compoſent ce Globe ſubſtantiel, ou
qui ſont contenuës en lui & ſur lui,
ne ſont tout au plus que les fæces, ou
les lies les plus groſſieres, des beautez, des perfections & de l'excellence deſdites Spheres ſubſtancielles, franches & incorruptibles & de ce qu'elles contiennent.

Nous ajoûterons enfin, que les
Spheres ſubſtantielles ci-deſſus mentionnées, ſont dans la même diſpoſi-
tion entr'elles que les Elémens, ou
principes d'où elles ont été tirées ſont
entr'eux.

Tout ce que nous avons dit ſur la
generation, édification & conſervation
de la nature ſubſtantielle, convient auſſi à la nature de ſes qualitez, à la

K 5

na-

litez, à la nature de ses formes, à la nature de ses dimensions, à la nature de ses couleurs, à la nature de ses mouvemens, à la nature de ses lieux, à la nature de ses devoirs, à là nature de ses fins, à la nature de ses instrumens pour y parvenir, & y étant parvenuë, s'y conserver.

Ces dix natures, dis-je, que nous désignerons par les termes de fondamentales matérielles du premier ordre, ont dix germes ou principes cachez & indéterminez, que nous désignerons par autant de je ne sai quoi qui venant à se développer par degrez en six Epoques terrestres, se multiplient par dix autres natures encore fondamentales du second ordre, qui tendent continuellement à leur perfection, d'où naissent dix connoissances universelles des matiéres, de leurs qualitez, de leurs formes, &c. contenuës dans ce germe intérieur dont nous avons parlé quand il est

par-

nature de ses formes, à la nature de
ses dimensions, à la nature de ses
couleurs, à la nature de ses mouvemens, à la nature de ses lieux, à la
nature de ses devoirs, à la nature
de ses fins, à la nature de ses instrumens, ou moyens pour y parvenir,
& y étant parvenuë s'y conserver.

Ces dix natures, dis-je, que nous
designerons par les termes de fondamentales substantielles du premier ordre, ont dix germes, ou principes
cachez & indeterminez, que nous
designerons par autant de je ne sai
quoi, qui venant à se developer
par degrez en six Epoques terrestres, se multiplient par dix autres natures encore fondamentales
du second ordre, qui tendent continuellement à leur perfection, d'où
naissent dix connoissances universelles
des substances, de leurs qualitez,
de leurs formes, &c. contenuës dans
ce germe interieur dont nous avons
par-

parfaitement dévelopé en bien ; mais lors qu'il se dévelope en mal, il ne se dévelope qu'en singe dont le naturel est malin, mais enclin à l'imitation, & porté à contrefaire tout ce qu'il voit, pratiquant le mal naturellement & pratiquant le bien politiquement, & pour arriver à quelque fin, & par imitation, sur le modele que le bon germe lui en a donné par ses productions extérieures.

Nous laissons à chacun la liberté de faire ses réflexions là-dessus, & d'éxaminer en soi-même si tout ce qui est contenu dans ce Globe terrestre mérite les travaux & les périls où les hommes s'exposent tous les jours durant leur vie tumultueuse & passagére, s'ils méritent tant de guerres qu'ils se font les uns aux autres, & l'effusion de tant de sang & tant de crimes qu'ils commettent pour en attraper quelques atomes dont l'aquisition ne fait qu'exciter leur convoitise pour

en

parlé, quand il est parfaitement de-
velopé en bien, mais lors qu'il se
develope en mal, il ne se develope
qu'en singe, dont le naturel est malin; mais enclin à l'imitation & porté à contrefaire tout ce qu'il voit,
pratiquant le mal naturellement, &
pratiquant le bien politiquement,
pour arriver à quelque fin, & par
imitation sur le modèle que le bon
germe lui en a donné par ses productions exterieures.

Nous laissons à chacun la liberté
de faire ses reflexions sur tout ce que
nous avons dit jusques ici, & d'éxaminer en soi-même si tout ce qui est
contenu dans ce Globe terrestre substantiel; si toutes les Sciences & les
Connoissances qu'il renferme, & les
avantages que leur possession procure
à ses Maîtres, meritent les travaux
que ses Habitans se donnent pour les
aquerir, s'ils meritent tant de guerres spirituelles, tant de guerres Philosophiques & Theologiques qu'ils se
font les uns aux autres avec une fe-
rocité

en aquerir d'autres, dont la jouïf-
fance leur devient fi fouvent funef-
te par le mauvais ufage qu'ils en
font, & la confervation leur eft
abfolument impoffible, puis qu'en
partant de cette vie ils n'emportent avec eux que leurs œuvres,
& n'ont d'autre compagnie, ni
d'autre fuite qu'elles : Si, dis-je,
quelques plaifirs fenfuels, fi quelques grandeurs mondaines, fi quelques honneurs temporels, très fouvent criminels devant le fouverain
Tribunal, & toûjours imparfaits &
de fi courte durée, & pourtant payez fi chérement, méritent que l'on
faffe pour l'amour d'eux un fi funef-
te échange d'une éternité bienheureufe avec une éternité malheureufe,
pouvant aquérir la première avec
moins de travail qu'ils n'en mettent
pour mériter la feconde.

Nous

rocité plus que brutale, s'ils meritent la déstruction de l'humanité,
de la douceur, de l'équité, de la
droiture, de la bonté, de la mise-
ricorde, de la charité, de la pie-
té, de la salutaire raison, de la
veritable Paix fondée sur la Justice
& sur l'Equité, & en un mot, s'ils
méritent la persecution & la ruine
des Vertus Evangeliques. Si, dis-je,
l'aquisition, ou la conservation de
quelque fumée de vaine gloire, de
sagesse inutile, ou contraire au Salut; si l'aquisition de quelque repu-
tation passagere, ou de quelques
louanges très souvent données à des
actions criminelles, ou qui, quoi
que legitimes, leur deviennent funestes par le mauvais usage qu'ils
en font. Si, dis-je, quelques plai-
sirs, si quelques grandeurs, si quelques honneurs Philosophiques, ou
Theologiques toûjours imparfaits,
& de si courte durée, & pourtant
payez si cherement, & dont la conservation leur est absolument impossible,

Nous laiſſons , dis-je , à chacun la liberté de faire , ſur tout ce que nous venons de dire , les réfléxions dont il ſera capable ſuivant la meſure du dévelopement de ce germe intérieur qu'il a en lui-même , puis que c'eſt de là qu'il aura plus ou moins d'intelligence , & plus ou moins de ſentiment de la Doctrine que nous propoſons.

Ayant

sible, puis que chacun comparoîtra
en Jugement tel qu'il sera en soi-
même separé de tout ce qui lui sera
étranger : Si , dis-je , toutes ces
choses méritent que l'on fasse pour
l'amour d'elles un si funeste échange d'une éternité bienheureuse , a-
vec une éternité malheureuse , pouvant aquerir la premiere avec moins
de travail qu'ils n'en mettent pour
mériter la seconde.

Nous laissons , dis-je , à chacun
la liberté de faire sur tout ce que
nous venons de dire les réfléxions
dont il sera capable suivant la mesure du dévelopement de ce germe
intérieur qu'il a en lui-même , puis
que c'est de là qu'il aura plus ou
moins d'intelligence , & plus ou
moins de sentiment de la Doctrine
que nous proposons.

Ayant

Ayant commencé ce premier Esſai par la Priére, nous le finirons auſſi par la Priére; nous finirons, dis-je, par celle dont nous nous ſommes ſervis après que nous eûmes reconnu le péril où ſe trouvoit nôtre raiſon dans ſon ardente & continuelle recherche de l'Eternelle & ſalutaire vérité; cette raiſon, dis-je, (ou ce Verbe, pour me ſervir de l'expreſſion Sacrée) étant une fois entré dans l'océan de l'eſprit univerſel dont nous avons parlé, n'a plus été maître de s'arrêter, il a été obligé d'aller juſques ſur les confins de la neuviéme Sphére, ſoit ſubſtantielle, ſoit matérielle, qu'il n'a découverte qu'en la neuviéme année de Baſtille, paſſées dans une continuelle ſpéculation, & dont tout ce que nous avons dit juſques ici & la deſcription que nous en avons faite, n'eſt qu'une très groſſiére image crayonnée de charbon, n'ayant point d'expreſſions convenables à l'excellence des
choſes

choſes inviſibles aux yeux corporels qu'il a vûës dans ſon voyage ſpiri- tuel, & qu'il peut voir tous les jours, quoi qu'il ſoit encore revêtu de ce domicile terreſtre.

P R I E R E.

ETernelle Vérité que j'adore, que j'invoque & que je cher- che, ayes pitié de moi qui implo- re ton ſecours, tend-moi la main, Seigneur, car je vais périr, fidèle & véritable en tes promeſſes, je t'in- voque des bords de l'abîme profond où je me ſens plonger; je crie à toi, ô Tout-Puiſſant & Tout-Bon, ſui- vant le commandement que tu nous as fait de t'invoquer au jour de nô- tre détreſſe, répond moi auſſi ſe- lon ta promeſſe & mon eſpérance, que je ne fonde qu'en toi ſeul: ô mon Dieu, tu es ma ſeule attente & ma confiance, Seigneur, que je ne ſois point confondu, ni aban-
L 2 donné

donné à ceux qui cherchent mon ame pour la perdre. O Dieu, ô Dieu, ô Dieu, d'éternelle & salutaire vérité, envoye-moi ta divine Sagesse qui est avec toi dans le Ciel; envoye-la, dis-je, pour me gouverner, & pour me conduire par la main jusques à toi, Pére des Esprits de toute chair; mais hélas, Seigneur, vien plûtôt toi-même, ô Dieu des Cieux; vien, dis-je, exercer en nous toutes les fonctions favorables & salutai-res de Souverain & souverainement Puissant & Debonnaire Createur universel envers toutes ses créatu-res, de Souverain & souveraine-ment excellent Architecte envers tous ses différens édifices; de Sou-verain, & souverainement diligent, Laboureur universel envers tous ses champs qu'il cultive & qu'il séme des plus excellens fromens de la Parole de Vie; de Souverain & souverainement excellent Vigneron universel envers toutes ses Vignes

de

de vie qu'il édifie, des plus excellens ſeps , portans les plus excellens Vins de Vie éternelle , ou les plus excellens jugemens ſpirituels nourriciers des ames fidèles , les fonctions de Souverain & ſouverainement excellent Jardinier univerſel envers tous ſes Jardins & ſes Vergers qu'il édifie des plus excellens plans portans fruits de Vie éternelle , des plus excellentes Sciences ſpirituelles , produiſant fruits convenables à nourrir tes enfans & tes ſerviteurs , & des herbes propres à nourrir tes Troupeaux , fais-y germer de toutes parts des fontaines & des ruiſſeaux d'eaux ſalutaires de ta grace , tant pour arroſer les ſuſdits plans & herbes , que pour abrûver tes Troupeaux & ceux qui les gouvernent.

Remplis, dis-je, ô nôtre Dieu , & nôtre Tout , les fonctions de Souverain , & ſouverainement vigilant & debonnaire Paſteur univerſel verfel envers tous fes Troupeaux ; de Souverain , & fouverainement diligent, & fidèle Econome, & diftributeur univerfel de tous les biens fpirituels , & temporels ; de Souverain , & fouverainement parfait & charitable Médecin envers tous les malades ; de Souverain & fouverainement excellent & debonnaire Docteur univerfel envers tous les ignorans ; ô Dieu, accorde à ceux qui te cherchent la grace de te trouver , & préviens par ta miféricorde ceux qui ne te cherchent point , leur mettant au cœur de te chercher, afin qu'ils te trouvent auffi , & qu'ils te rendent l'honneur, la gloire, les louanges, les actions de graces , & l'obéiffance qu'ils te doivent. Remplis, ô Dieu, remplis les fonctions de Souverain , & fouverainement, Fort , Puiffant , & Charitable , Protecteur , Liberateur, & Confolateur, des foibles, des captifs, ou oprimez , & des affligez. De

fou-

Souverain & souverainement diligent, & debonnaire, Pourvoyeur
univerfel, envers tous ceux qui
font dans la néceffité, & dans la
pauvreté, foit fpirituelle, foit
temporelle: de Souveraine & fouverainement, pure & vivifiante lumiére, envers tous ceux qui font
dans les ténébres: de Souverain &
fouverainement miféricordieux, &
fage Monarque, & Légiflateur
univerfel, envers tous fes Sujets
qui lui demandent la connoiffance
de fes Loix, de fes Jugemens, & de
fes Ordonnances, pour les obferver,
& garder, & qui lui demandent fa
Protection contre tout ce qui leur
pourroit nuire: de Souverain, &
fouverainement debonnaire, Seigneur, & Maître univerfel, envers tous fes Serviteurs, à qui il
montre ce qu'ils ont à faire, à qui
il accorde tout ce qui leur eft né-
ceffaire pour l'éxécuter, & qu'il

L 4

tient

tient sous sa Protection , pour-
voyant à tous leurs besoins en quel
nombre & de quelle nature qu'ils
puissent être, les fonctions de Souverain & souverainement miséricordieux , charitable , & fidèle
Epoux universel , envers sa ché-
re & bien-aimée Epouse universelle , en faveur de laquelle il ouvre
tous les tréfors de sa bonté , & de
son amour, soit pour son Edification , & souveraine perfection ,
soit pour sa direction , gouvernement , & conduite , soit pour sa
conservation , & fructification :
de Souverain , & souverainement
misericordieux , & debonnaire ,
Pére universel des esprits de toute substance élûë , envers tous
ses Enfans en faveur desquels il ouvre tous les tréfors de ses bontez Pa-
ternelles , soit pour leur édification & sanctification , soit pour
leur gouvernement & conduite ,
soit pour leur conservation &
béa-

béatification. Accorde-nous auffi , Seigneur , tous les dons , &
toutes les graces néceffaires , à
remplir de nôtre part , tous les
différens devoirs , relatifs à toutes ces differentes fonctions , &
que toutes tes graces foient toûjours accompagnées de celle qui
les peut rendre inamiffibles , toi-
même détruifant en nous & d'entre nous , tout ce qui pourroit nous
en caufer la perte , & anéantiffant
en nous , toute volonté & tout pouvoir de defobéir à ta volonté , ou
de manquer d'un feul point à tous
nos differens devoirs , foit envers
toi , ô Etre fouverain , foit envers
ceux que tu as établi fur nous , foit
envers ceux que tu as établi au def-
fous de nous , foit envers nos é-
gaux , foit envers nous-mêmes ;
éxauce-nous , ô Dieu , éxauce
ceux qui te prient pour Sion , pour
la connoiffance fondamentale de
tes Jugemens ; éxauce ceux qui te

L 5

prient

prient pour la véritable Jérusalem,
pour l'édification & conservation de
la véritable Paix spirituelle & temporelle fondée en justice & sagesse
salutaire; béni ceux qui travaillent
à l'édifier; béni-les, dis-je, de tes
plus précieuses, & de tes plus excellentes bénédictions, des lieux
très hauts, & que tout le vin de
ta fureur, que tous les jugemens
nourriciers de ton Esprit de fureur, & d'indignation, soient ver-
séz sur Babilon, & sur ses enfans,
puis qu'elle s'est enyvrée du sang
des tiens qu'elle a répandu & qu'elle
continue encore à répandre, & fait
répandre avec tant de superbe, &
d'orgueil, se glorifiant d'être Reine,
& l'Epouse de ton Christ: Hâte-
toi, Seigneur, car le moment que
tu as marqué pour exercer tes Jugemens de rétribution sur elle selon ses œuvres est venu, mets au
cœur de ceux qui ont été jusques-
ici, ses Protecteurs, ses Défen-
seurs,

seurs, & ses Nourriciers, d'être
aussi les exécuteurs de tes Jugemens
sur elle, puis qu'elle s'est absolument abandonnée à toutes ses im-
mondicitez, & qu'elle a répandu
sa corruption sur tous les habitans
de la terre; que sa mémoire en soit
effacée, & que sa demeure éternelle lui soit assignée avec Satan, & le faux Prophete, dans l'é-
tang ardent de feu, & de soulphre
comme tu l'as promis : éxauce,
Seigneur, éxauce, dis-je, & répand un deluge universel de ton
Esprit de grace & de miséricorde,
batisant & réconciliant tous les Esprits; répand, dis-je, ton Esprit
de salutaire Sagesse & d'Intelligence, de Force, & de Conseil, de
Science, & de Piété, & de Crainte salutaire de ton Nom adorable;
répand avec abondance ton Esprit
de Vérité & de Fidèlité, de Pro-
bité de bonne Foi, de Douceur, de
Justice, & de Paix, & autres Esprits

prits élûs ; Fais-en , dis-je , une effufion fi univerfelle , que tous les cœurs en foient renouvellez , & ce renouvellement univerfel promis dans ta Parole foit accompli , & que tous Peuples , Langues & Nations réünis en ton Amour & delivrez des féductions de Satan qui les détourne de ton obéiffance , viennent adorer ta Majefté , reconnoître ta Puiffance , & quitant le joug de fer que le cruel & fes enfans leur ont impofé , ils viennent , dis-je , fe foûmettre au joug doux & leger de ton Jufte falutaire , de ton divin & falutaire Raifonnement , ton Fils que tu as oinct Roi Eternel de Juftice & de Paix éternelle & incorruptible. Vien , Seigneur Jéfus , vien , ô falutaire Sageffe , vien , régner fur nous par ton Efprit , vien diffiper tes ennemis ; hâte-toi , ô Reftaurateur univerfel de toutes chofes , & que tout Honneur , toute Louange , toute Gloire ;

Gloire , toute Action de grace ,
toute Bénédiction , te foient ren-
duës ; car c'eft à toi feul , Pére,
Fils , & Saint Efprit, Dieu bénit
éternellement, qu'ils apartiennent,
de même que toute Force , toute
Puiffance , toute Sageffe , dès
maintenant , & à jamais dans
tous les Siécles , des Siécles. A-
men.

C'eft ici que nous bornerons le
premier de nos Effais Philofophi-
ques & Theologiques , que nous
continuërons dans la fuite de la même maniére; c'eft à dire que nous
mettrons les emblêmes d'un côté,
& ce qu'ils repréfentent de l'autre,
& expliquerons les myftéres renfermez dans l'économie de l'Ancien & du nouveau Teftament , autant que l'Etre fouverain , fans qui
nous reconnoiffons que nous ne
pouvons rien , voudra nous le permettre , & nous en accorder les
moyens.

A

A lui seul soit rendu tout Honneur, toute Gloire, toute Louange, toute Action de grace, toute Bénédiction, car c'est à lui seul qu'ils apartiennent, de même que toute Force, toute Puissance, toute Sagesse, dès maintenant & dans tous les Siécles. Amen.

Fin du premier Essai Philosophique & Théologique.

A V I S.

AVIS.

L A nécessité indispensable où l'Auteur s'est trouvé en rentrant dans le monde, de vaquer aux affaires temporelles, l'ayant empêché de jouïr d'une douce & tranquile retraite, pour bien déveloper ses idées (dont le fil a été très souvent coupé par divers incidens en les mettant sur le papier) l'engage à prier ceux à qui ces premiers Exemplaires seront distribuez, de n'en point donner à réimprimer qu'ils n'ayent été revûs avec plus de tranquilité qu'il n'en a pû avoir jusques à présent. L'on invite aussi toutes les bonnes Ames qui soûpirent après le Régne de Dieu & de sa Justice, de concourir selon leurs talens à l'édification de la Jérusalem céleste; c'est à dire de cette véritable Paix fondée sur l'or très pur des divins Jugemens, ce qui est le seul but que nous nous sommes proposez en presentant ceci au Public.

ERRATA

*P*Age 61. fons matériels, *lifez*
fens matériels.

Page 134. par la conſtruction, *lifez* pour la conſtruction.

Page 138. avec les pierres, *lifez*
avec ces pierres.

S'il y en a encore quelques autres, l'on prie le Lecteur d'y fu-
pléer.